미래의 부자인 _____ 님을 위해

이 책을 드립니다.

전국민 재테크

주식 투자
알고 합시다

전국민 재테크

주식 투자
알고 합시다

초판 1쇄 인쇄 | 2021년 4월 29일
초판 1쇄 발행 | 2021년 5월 06일

지은이 | 김대중
펴낸이 | 박영욱
펴낸곳 | (주)북오션

편 집 | 권기우
마케팅 | 최석진
디자인 | 서정희·민영선
SNS마케팅 | 박현빈·박가빈

주 소 | 서울시 마포구 월드컵로 14길 62
이메일 | bookocean@naver.com
네이버포스트 | post.naver.com/bookocean
전 화 | 편집문의: 02-325-9172   영업문의: 02-322-6709
팩 스 | 02-3143-3964

출판신고번호 | 제2007-000197호

ISBN 978-89-6799-586-7 (03320)

전국민 재테크

주식 투자
알고 합시다

김대중 지음

북오션

영끌과 빛투 없는
주식 투자를 위하여

2020년은 한국의 주식 역사상 유례가 없을 정도로 드라마틱한 한 해였다. 2200포인트였던 주가는 코로나 때문에 1457포인트까지 폭락했다. 하지만 이를 극복하고 연말에는 2873포인트를 기록해 8개월 만에 2배의 상승세를 보였다. 이 과정에서 등장한 것이 '동학개미'다. 동학개미는 '정석 투자'라고 하는 갑옷을 입고 '우량주'라고 하는 창을 들고 나타났다. 한국의 주식시장에 '백마 탄 기사'가 등장한 것이다.

이들은 이전의 개인 투자자와 달리 우량주와 부실주를 구분할 줄 알고 기업의 성장성도 분석할 줄 알며 매매의 타이밍도 저울질할 줄 안다. 기관 투자자와 외국인 투자자에게 일방적으로 얻어터지던 그런 개인 투자자의 모습이 아니다. 이는 수치로도 증명되고 있다. 종합주가지수보다 KOSPI200 지수의 상승폭이 더 큰 것이 이를 증명한다. 이런 영리한 개인 투자자가 늘어났다는 것은 한국 주식시장의 수준을 한 단계 업그레이드 하는 귀중한 자원이 되리라 본다.

하지만 옥에 티로 아직도 구태의연한 모습을 보이는 개인 투자자도 있다. 영끌과 빚투로 주식시장에 참여한 사람들이다. 레버리지를 일으켜 수익을 극대화하려는 것이 그들의 목적이지만 주식시장은 그렇게 녹록한 곳이 아니다. 언제 어느 때 뒤통수를 맞을지 모른다. 헬멧을 썼다면 충격에서 벗어날 수 있다. 그렇지 않다면 충격이 클 것이다. 내가 내 돈으로 주식 투자에 나선다면 나는 최소한 헬멧을 쓰고 투자하는 것이지만 영끌과 빚투로 주식 투자에 나선다면 헬멧이 없는 사람이다. 이 책은 그렇게 헬멧도 쓰지 않고 주식 투자에 나선 사람에게 경고를 보내는 목적으로 집필했다.

처음 출판사로부터 집필을 제안받았을 때는 정중히 사양했다. 시중에 나와 있는 수많은 주식 관련 책으로 충분하다고 생각했다. 생각이 바뀐 것은 기존의 주식 책과 다른 목소리를 내고 싶어서였다. 경고음을 울리고 싶었다.

필자는 30여 년을 주식시장에서 생활했다. 증권회사의 신입사원으로 입사해 전무로 퇴사하기까지 수많은 굴곡을 겪었다. 1990년대 초의 버블 붕괴 후 주가 폭락, 1997년의 IMF로 인한 주가 폭락, 리먼 사태로 인한 2008년의 주가 폭락, 코로나로 인한 2020년의 주가 폭락을 모두 현장에서 겪었다. 그래서 주식의 달콤함보다 씁쓸함을 더 많이 기억하고 있다.

주식은 천장 3일, 바닥 100일의 시장이다. 지옥 같은 시장이 천국으로 바뀌기도 하고, 천국 같은 시장이 지옥으로 바뀌기도 한다. 이런 변화무쌍한 주식시장에 영끌과 빚투로 참가했다가는 몸과 마음이 모두 황폐화될 것이다.

주식은 건전한 자산 증식의 수단으로 활용돼야 한다. 돈 놓고 돈 먹기 식의 투기는 더 이상 현재의 주식시장에서 통용되지 않는다.

그래서 이 책에서는 돈 없는 사람은 주식 투자 하지 말라고 권한다. 심지어 집 없는 사람도 주식 투자 하지 말라고 주장한다. 우유부단한 사람, 소심한 사람, 귀차니즘에 빠진 사람, 성질 급한 사람, 귀가 얇은 사람, 경제 공부 않는 사람, 투기하는 사람 모두 주식 투자를 하지 말라고 권한다. 듣기에 따라서는 답답한 소리일 것이고 융통성이 없는 사람으로 치부되기도 할 것이다.

그래도 어쩔 수 없다. 그리고 이런 고리타분한 책이 한 권쯤은 있어도 좋지

않을까 생각한다.

　부디 이 책이 대한민국의 주식시장이 건전해지는 데 조금이나마 도움이 되

었으면 한다.

김대중

목차

chapter 3   실전 주식 매매

chapter 4   기본적 분석, 왜 알아야 하는가

chapter 5   기술적 분석은 왜 필요한가

chapter 6　주식 투자를 할 때 꼭 피해야 할 위험요소

chapter 7　주식 투자 기본 용어

주식시장은 굉장히 냉정한 곳이다. 엄청나게 급변하는 곳이다. 어제까지 펄펄 끓다가 오늘 갑자기 싸늘하게 식는 곳이다. 그래서 주식 투자에 나설 때는 최악의 경우를 항상 염두에 두어야 한다. 앞서 필자가 생활비로 주식 투자를 하지 말라고 한 이유가 여기에 있다.

chapter 1

이런 사람
주식 투자 하지 마라

돈 없는 사람은 주식 투자 하지 마라

제목 그대로다. 돈 없는 사람은 주식 투자를 하면 안 된다. 주식 투자는 철저히 내 돈으로 해야 한다. 돈은 없는데 주식 투자는 하고 싶고, 그래서 대출을 받아 투자하는 경우가 왕왕 있다. 30년간 증권밥 먹으면서 지켜본 결과 이런 경우는 대부분 실패로 돌아간다.

이유는 간단하다. 마음이 조급해져서 그렇다. 내가 5퍼센트 이율로 대출을 받았다면 5퍼센트 수익을 올려야 본전이다. 그러다 보니 5퍼센트의 두 배 정도인 10퍼센트의 수익률을 목표로 삼아야 한다. 그래야 은행에 5퍼센트는 이자 갚고 나도 5퍼센트 수익을 챙기기 때문이다. 하지만 기준금리가 0.5퍼센트인 현 금융 환경에서 10퍼센트라는 숫자는 상당히 높은 수준이다. 주가는 경제가 고도성장을 할 때에는 큰 폭으로 오르지만 안정적인 성장을 할 때는 큰 폭으로 오르지 않는다. 기본적으로 주가는 경기에 선행하며 경제 상황을 반영하는 수치를 나타낸다. 물론 유동성장세라고 해서 돈의 힘으로 주가가 급격하게 올라가는 경우도 있다. 하지만 그런 경우 대부분 상승한 만큼 도로 하락한다.

주식에 투자하는 돈은 남의 돈이 아닌 내 돈이어야 한다. 그리고 생활비같이 급한 돈이 아니라 당장 없어도 되는 돈이어야 한다. 그래야 마음이 조급해지지 않고 평정심을 잃지 않는다. 주가가 급하게 변동돼도 지켜볼 여유가 생긴다.

예외는 있다. 본격적인 투자가 아니라 공부하려고 투자하는 경우다. 어린 학생들이 경제 공부를 하려는 목적으로 주식에 투자하는 경우, 장래에 주식 투자를 하려고 미리 약간의 돈을 들여 투자 공부를 하는 경우는 예외다. 그리고 이때의 주식 투자는 돈을 벌려는 투자가 아니라 공부를 위한 투자가 되어야 할 것이다.

신주쿠의 홈리스

필자가 처음 일본에 갔을 때 신주쿠 역에 가득 찬 거지(일본에서는 홈리스라고 불렀다)를 보고 깜짝 놀랐다. 두터운 골판지로 바람을 막고 통로에 자신만의 잠자리를 만들었다. 일본은 부자 나라로 알고 있는데 어떻게 된 노릇일까? 궁금해서 물었더니 충격적인 이야기를 들을 수 있었다.

일본의 부동산 경기는 1988년까지 계속 상승하기만 했다. 융자금을 빌려줄 때 집값이 1억 엔이면 집값보다 많은 1억1000만 엔을 빌려주기도 했다. 집값이 상승하리라고 예상해서 미리 빌려준 것이다. 그런데 집값이 꺾이면서 돈을 갚지 못하는 사례가 속출했다. 결국 집을 빼앗기고 거리로 나앉게 된 것이다. 빚은 쓸 때는 달콤하지만 갚을 때는 더없이 쓰다. 주가지수가 3000포인트에 달하면서 증권사의 신용대출과 담보대출 잔고가 급격히 늘고 있다. 미수금도 증가 추세다. 이런 모습을 보면서 필자는 조마조마한 마음을 금할 수 없다.

다시 한 번 말하지만 주식 투자는 꼭 내 돈으로 하자. 돈이 없으면 하지 말자.

집 없는 사람은 주식 투자 하지 마라

주식 투자를 하는데 갑자기 웬 집 타령이냐고 할지 모르겠다. 필자가 오버한다고 생각할 수도 있을 것이다. 필자의 개인적인 생각인 것은 인정한다. 그러나 꼭 권하고 싶다. 집이 없거든 주식하지 마라. 그리고 집을 구한 다음 주식 투자를 해도 늦지 않다.

집을 먼저 장만하고 그 다음에 주식을 하건, 아니면 주식을 해서 수익을 내고 그 돈으로 좀 더 넓은 집으로 이사를 하건 전적으로 개인의 의지다.

하지만 실제 현장에서 30년간 지켜본 결과는 이렇다. 집이 있는 사람의 승률은 집이 없는 사람의 승률보다 높다. 물론 전수조사를 한 것도 아니고 필자가 주위에서만 본 것이어서 맞지 않을 수도 있다. 하지만 객관적으로 생각해 보면 일리가 있는 말이다. 집이 있는 사람은 설령 주식 투자에 실패하더라도 최후의 보루는 남아 있다. 재기할 여력이 있다. 반면 집이 없는 사람은 최후의 보루가 없다. 재기할 여력이 없다.

주식시장은 굉장히 냉정한 곳이다. 엄청나게 급변하는 곳이다. 어제까지 펄펄 끓다가 오늘 갑자기 싸늘하게 식는 곳이다. 그래서 주식 투자에 나설 때는 최악의 경우를 항상 염두에 두어야 한다. 앞서 필자가 생활비로 주식 투자를 하지 말라고 한 이유가 여기에 있다. 최악의 상황을 가정할 때 집은 최후의 보루다. 열심히 전쟁을 치르다가도 유사시 내 몸을 피할 벙커가 하나 정도는 있어야 하지 않겠는가.

영끌 투자

언제부턴가 '영끌'이라는 단어가 심심치 않게 등장했다. 처음에는 무슨 말인지 몰랐는데 나중에 듣자 하니 영혼까지 끌어모은다는 뜻이라고 했다. 집값이 많이 올라서 모아 놓은 돈만으로는 집을 사지 못하니까 대출금을 더하고 이것 저것 끌어모을 수 있는 것은 모두 끌어모아, 심지어 영혼까지 끌어모아 집을 산다는 것이다.

주식과 달리 내 집을 살 때의 대출은 괜찮다. 물론 대출금의 원리금 상환이 나의 수입으로 가능한 수준이어야 할 것이다. 행여 상환해야 할 원리금이 나의 수입을 넘어선다면 대출금을 갚지 못하게 될 것이고 파산 이유가 될 수도 있다(앞서 예시를 들었던 일본 신주쿠의 홈리스들이 대부분 이런 경우였다. 자신의 수입으로 상환이 가능할 만큼 대출을 받아야 하는데 원리금 상환액이 수입을 초과하다보니 결국 대출금을 갚지 못하고 집을 뺏기게 되고 가정은 깨지고 거리의 거지로 나앉게 된 것이다).

필자가 내 집 마련을 목적으로 하는 대출금은 괜찮다고 하는 이유는 대출금을 갚아 나가는 과정에서 강제 저축의 효과가 생기기 때문이다. 돈을 받은 다음 저축하는 것과 돈을 받기 전에 자동 인출 되는 것은 다르다. 집을 사고 원리금을 갚아 나가는 과정은 월급을 받자마자 자동으로 인출되는 것과 같기 때문에 강제 저축의 효과가 발생한다.

분명히 말해 두지만 주식과 내 집은 다르다. 내 집은 반드시 있어야 한다. 하늘 아래 마음 편히 두 발을 뻗을 만한 곳이 꼭 있어야 한다. 그곳이 넓든 좁든 어쨌든 내 집 한 칸은 있어야 한다. 하지만 주식은 다르다. 내 집이 없으면 삶의 질에 영향을 받지만 주식 투자를 하지 않는다고 삶의 질에 영향을 받지는 않는다. 집 때문에 영끌은 해도 주식 때문에 영끌은 하지 말자. 내 집 마련이 먼저다. 그 다음에 주식을 하자. 그래서 필자는 다시 한 번 주장한다. 집 없으면 주식 투자 하지 마라.

우유부단한 사람은 주식하지 마라

어떤 사람은 맑은 날씨를 좋아하고, 어떤 사람은 흐린 날씨를 좋아한다. 눈 (雪)을 좋아하는 사람이 있는가 하면 비(雨)를 좋아하는 사람도 있다. 사람마다 성격도 다르고 생각하는 바도 다르다. 주식도 마찬가지다. 주식에도 맞는 성격이 있고 맞지 않는 성격이 있다. 상황에 따라 위험을 감수하는 정도가 다르고 기대 수익도 다르기 때문이다. 만일 당신이 결정 장애가 있는 우유부단한 성격이라면 주식하지 마라.

주식 투자는 수시로 그리고 연속적으로 수많은 결정을 하는 활동이다. 주식을 살 것인지 팔 것인지 아니면 보유할 것인지, 만약 보유한다면 하루를 보유할 것인지, 일주일을 보유할 것인지, 한 달을 보유할 것인지, 살 금액은 얼마 정도로 정하고, 팔 금액은 얼마 정도로 정할 것인지, 얼마만큼 사고 얼마만큼 팔 것인지. 이런 수도 없는 결정 문제가 연이어 발생한다. 그런데 결정 장애가 있다면 이 모든 결정의 고비마다 결정을 못해 스트레스를 받을 것이다. 극심한 스트레스를 받으면서까지 주식 투자를 할 필요는 없다고 생각한다.

침착하고 사리판단이 분명한 사람이라면 주식 투자에 나서도 좋다. 주가 변동에 휘둘리지 않는 침착함이 있고 사물을 바라보는 사리판단이 분명한 사람은 주식 투자에 적합하다. 이런 사람들은 부실주를 매매하기보다 꼼꼼하게 내재 가치를 따져 투자하고 일시적으로 주가가 하락해도 개의치 않는다. 물타기와 분할 매수의 차이를 알고 이격이 벌어지면 매도할 줄도 안다. 정석 투자를 실천하기 때문에 위험관리를 가장 잘 실행할 줄 아는 타입이다.

손실을 받아들이는 유형

주식 투자에서 손실을 받아들이는 유형은 제각각이다. 크게 분류해 보면 원금을 절대 손해 볼 수 없다는 '골키퍼형', 배당 투자를 위해 약간의 손실은 감수할 수 있다는 '수비형', 적절한 수익률 추구를 위해 상응하는 정도의 원금 손실은 감수하겠다는 '미드필드형', 마지막으로 높은 수익을 위해서는 원금 손실까지 감수하겠다는 '공격형'의 네 가지다.

골키퍼형은 원금에서 손실이 나타나는 것을 참지 못한다. 따라서 이런 부류의 사람들에게 주식은 어울리지 않는다.

수비형은 배당을 중시하는 투자자다. 이 부류의 투자자는 배당 성향이 높은 주식을 선호하며 고배당 종목에 장기 보유한다. 손실이 발생하더라도 배당금으로 보완이 되기 때문에 주가 하락에 크게 개의치 않는다. 또한 주가가 오르더라도 팔지 않고 그냥 계속 보유하는 경우가 많다.

미드필드형은 수익률 추구와 원금 손실의 균형을 고려해 합리적으로 투자하는 부류다.

공격형은 시세 차익 추구형 투자자다. 주가가 낮을 때 사서 높을 때 파는 것을 목표로 하며 매매 전략을 적극적으로 구사한다.

자신의 타입을 생각해보자. 만일 내가 원금의 손실을 용납하지 못하는 '골키퍼형'이라면 주식을 해서는 안 된다.

소심한 사람은 주식 투자 하지 마라

주식은 투자 행위다. 이익을 볼 수도 있고 손실을 볼 수도 있다. 큰 이익을 볼 수도 있고 큰 손실을 볼 수도 있다. 이익을 봤을 때는 기분이 좋다. 문제는 손실을 봤을 때다. 손실을 보았을 때 소심한 사람은 엄청난 스트레스를 받는다. '내가 주식을 왜 했을까?'부터 시작해서 '언제쯤 주식이 다시 올라갈까?', '손실이 더 커지면 어떡할까?', '지금이라도 팔아야 하나?', '더 기다려볼까?', '오히려 더 사 버릴까?' 기타 등등까지 많은 생각을 하게 된다. 이렇게 스트레스를 받으면서 억지로 주식 투자를 할 필요는 없다. 주식 투자는 우리가 선택할 수 있는 투자의 한 가지 방법에 불과하다. 저축을 하건 투자를 하건 개인의 자유고, 부동산 투자를 하건 주식 투자를 하건 코인 투자를 하건 역시 개인의 자유다. 중요한 것은 극심한 스트레스를 받으면서 투자할 필요는 없다는 것이다.

주식은 종목 선택을 해서 살 때 사고 팔 때 팔아야 한다. 그런데 소심한 사람은 늘 고민한다. 고민은 크게 두 가지다. '이 종목을 샀는데 빠지면 어떡하지?'와 '이 종목을 팔았는데 오르면 어떡하지?'다. 그래서 나름 매수와 매도 타이밍을 잡아보려 하지만 소심하고 생각이 많은 탓에 늘 행동은 생각보다 훨씬 뒤늦게 나타난다.

이런 모든 고민과 스트레스에서 벗어나려면 주식 투자 하지 마라.

소심 테스트

이런 테스트를 한번 해보면 어떨까 한다. 내가 1000만 원으로 주식을 하고 있다고 가정하자. 주가가 올라서 100만 원을 벌었다. 당연히 기분이 좋을 것이다. 이때의 기분을 점수로 매겨보자. 점수는 1에서 10까지다. 1은 아주 조금 기분이 좋은 경우고 10은 엄청나게 기분이 좋은 경우다. 예를 들자면 1은 길거리에서 1000원 지폐를 주운 경우고 10은 결혼에 성공했거나 취업에 성공한 경우다. 1000만 원 투자해서 100만 원을 벌었다는 사실에 당신은 얼마만큼의 행복 점수를 주겠는가?

반대의 경우도 한번 생각해 보자. 내가 1000만 원으로 주식을 하고 있다. 주가가 내려서 100만 원이 손실이었다. 당연히 기분이 좋지 않을 것이다. 이때의 기분을 점수로 매겨보자. 점수는 -1에서 -10까지다. -1은 아주 조금 기분이 안 좋은 경우이고 -10은 엄청나게 기분이 안 좋은 경우다. 예를 들어 -1은 길을 가다가 1000원 지폐를 흘린 경우이고 -10은 부모님이 돌아가셨거나 이혼했을 때 등 뭐 그런 경우일 것이다. 1000만 원을 투자해서 100만원을 손실 봤다는 사실에 당신은 얼마만큼의 슬픔 점수를 주겠는가?

중립적인 경우라면 두 수치의 절댓값은 같을 것이다. 100만 원 번 것에서 5만큼의 행복을 느꼈다면 100만 원 손실에서는 -5만큼의 슬픔을 느꼈을 것이다. 그런데 만약 돈을 벌었을 때의 행복 점수는 3에 불과하고 돈을 잃었을 때의 슬픔 점수가 -6이라면 당신은 소심한 사람이다. 이런 당신은 주식 투자를 해서는 안 된다.

귀차니즘에 빠진 사람은
주식 투자 하지 마라

어르신 중에 주식은 도박이라고 폄하하시는 분이 꽤 계시다. 그분들 말대로 한때 우리나라 주식시장은 도박장이었다. 겉으로는 근사하게 국가 경제의 일익을 담당한다고 포장했지만 그 속은 도박장과 별 다름이 없었다.

일반 투자자가 본격적으로 주식시장을 찾게 된 시기는 1980년대 중반 이후다. 1985년 초 139포인트에서 1989년 1004포인트까지 약 여덟 배가량 올랐다. 하지만 거품이 꺼지면서 이후 지속적으로 하락해 1990년 4월 중순에는 800선 붕괴, 4월 말에는 700선 붕괴, 8월에는 600선 붕괴, 9월에는 566포인트까지 하락했다.

이 단계까지 대한민국의 주식시장은 도박장에 가까웠다. 주식의 내재 가치를 분석해 보았자 제대로 반영되지 못했다. 그저 작전과 루머와 세력에 의한 시장이었다.

지금은 아니다

하지만 지금은 아니다. 1992년, 우리나라의 주식시장이 외국인에 개방되면서 우리 증시는 과학적인 분석을 바탕으로 하는 시장이 되었다. 예전에는 전자(電子) 주식이 올라가면 금성사(지금의 LG전자)부터 시작해 전자 주식 전체가 올라갔다. 지금은 전자 주식이 올라가도 어떤 주식은 올라가고 어떤 주식은 오히려 내려간다. 철저하게 개별 종목별로 분석돼 주가가 재편된 것이다. 그러다 보니 지금 주식 투자에 나서려면 부지런함을 수반해야 한다. 철저한 육체노동+정신노동이다.

필자가 증권사 지점에서 근무했을 때는 새벽 5시 반이 기상 시간이었다. 일어나자마자 미국 시장 체크하는 일부터 시작했다. 다우지수와 나스닥지수가 올랐는지 빠졌는지 체크하고, 폭등 혹은 폭락했으면 왜 그랬는지 파악했다. 회사에 도착해서는 각종 경제 신문과 일간지의 경제면까지 보았다. 각 증권사 리서치센터에서 나온 자료도 모두 검색해서 읽었다. 다음에는 회의가 이어졌다. 직원끼리 모여 아침 미팅을 하고 당일에 열릴 주식시장을 예측하고 대응책을 강구했다. 주가가 급변하면 점심은 햄버거나 김밥으로 대충 때우거나 굶기 일쑤였다. 장이 끝나면 주요 공시 사항을 체크하고 매매 특이 사항을 점검하고 직원들과 마감 회의를 했다. 퇴근해서는 다음날 조간신문 주요 기사를 인터넷으로 체크했다. 아마 지금도 증권사 지점에 근무하는 직원들은 대충 이와 같은 스케줄로 움직이지 않을까 생각한다.

일반 투자자들이야 증권회사 직원처럼 이렇게 하루 전체를 주식에 투자하지는 않겠지만 그래도 여러 모로 점검해야 할 일이 많다. 주식을 사놓고 그냥 오르겠지 하고 생각하는 사람은 없을 것이다. 행여 어떤 변수가 생길지 늘 신경을 곤두세우고 따져 봐야 한다. 귀차니즘에 빠진 사람이라면 이런 모든 것을 소홀히 할 것이고 그렇다면 아무래도 결과는 좋지 않을 것이다.

또 한 가지. 주식 거래 수수료가 은근히 비싸다. 1000만 원 거래하면 5만 원이다. 만일 귀찮음을 무릅쓰고 앱으로 계좌 개설을 하고 MTS를 설치하고 주식 거래를 한다면 무료로 할 수 있다. 몸은 귀찮겠지만 그만큼 돈을 아끼는 지름길임을 명심하자.

성질 급한 사람은 주식 투자 하지 마라

본인 성격이 급하고 다혈질이라면 역시 주식 투자 하지 마라.

성질 급한 사람은 대부분 분산 투자를 하지 않는다. 오직 한 종목에 승부를 건다. 주식을 살 때도 돈 만큼만 사지 않고 신용융자까지 끌어당겨 산다. 살 때도 나누어 사지 않고 한꺼번에 산다. 주가가 금방 올라가지 않으면 바로 팔아버린다. 기다리지 못한다. 그리고 또 다른 종목을 찾는다. 이것을 반복하다 보니 가랑비에 옷 젖듯이 자산은 점점 쪼그라든다.

주식 투자라고 하는 것은 알 수 없는 미래에 대한 투자다. 따라서 포트폴리오를 구축해 몇 개 종목으로 나누어 투자해야 한다. 또한 미래의 시세에 대비하려면 몇 번에 나누어 투자해야 한다. 분산 투자와 분할 투자는 주식 투자의 정석이다. 하지만 성질 급한 사람은 분산 투자도 싫고 분할 투자도 싫다. 그냥 한 종목을 한꺼번에 사서 거기서 승부를 본다. 그러다 보니 수익을 낼 때는 많이 내지만 손실을 볼 때도 많이 본다. 수익을 낼 때도 금방 팔아버리고 손실을 볼 때도 금방 팔아버린다. 오래 기다리지를 못한다. 매매가 빈번하다 보니 수수료와 세금이 투자금의 상당 부분을 잠식한다.

성질 급한 사람의 특징은 은행 이자로 만족하지 못한다는 것이다. 은행 이자 이상의 수익은 당연한 것이고 여기에 더해 화끈한 고수익을 원한다. 그러다 보니 대형 우량주 대신 테마주나 급등주를 선호한다. 테마주나 급등주는 하루 등락폭이 매우 큰 편이다. 상한가에서 하한가까지 폭락하기도 하고 하한가에서 상한가까지 폭등하기도 한다. 이런 종목을 정확한 타이밍에 사고팔면 떼돈을 벌겠지만 현실은 그렇지 않다. 그렇게 정확한 타이밍에 매매하는 것은 불가능하다. 하한가에서 사서 상한가로 치솟으면 그야말로 짜릿한 주식 투자의 맛을 느끼겠지만 현실은 상한가에 사서 하한가로 꽂히는 경우가 더 많다.

테마주 중에 가장 웃기는 것이 선거 관련 테마주다. 여론조사에서 ○○○이 대선 후보 1위를 기록했다고 하면 그와 관련된 회사들이 상한가를 기록한다. 관련된 이유는 대부분 한 가지다, 대선후보 ○○○와 그 기업의 오너 ○○○가 친하다는 것이다. 이런 말도 안 되는 이야기가 성질 급한 사람들에게는 먹힌다. 그래서 상한가, 심지어는 며칠 상한가로 이어지기도 하는데 상식적으로 이해하지 못할 일이다. 이미 그런 시대는 아니지 않는가.

황금 손가락 신드롬

'황금 손가락 신드롬'에 빠질 확률도 높다. 투자 초기에 본인이 고른 종목에서 큰 수익이 발생하면 '야, 이거 나에게 주식에 대한 천부적인 재능이 있었구나' 하며 주식 투자에 큰 재능이 있는 줄 착각한다. 그래서 다음부터는 과감하고 자신감 있게 그리고 직감적으로 종목을 선정한다. 초기에 우연히 발생한 행운에 속아 투자 규모도 대폭 늘린다.

주식시장이 활황일 때는 문제가 되지 않는다. 대부분의 종목이 상승하는 활황 장세에서는 성공 확률이 높다. 하지만 주식시장이 늘 활황일 수는 없다. 주식시장에 불황이 찾아오면 문제가 달라진다. 이런 상황에서 종목 선정을 잘못하면 리스크에서 헤어나지 못한다. 이런 이유로 성질 급한 사람은 주식 투자를 하지 말아야 한다.

귀가 얇은 사람은 주식 투자 하지 마라

주식시장에는 수없이 많은 루머가 떠돈다.

예전에는 속칭 '찌라시'라고 하는 것이 팩시밀리를 통해 이 사람 저 사람에게 전파되었다. 지금은 카톡이나 메신저로 순식간에 퍼진다. 이렇게 퍼지는 루머는 99퍼센트가 가짜다.

그런데 귀가 얇은 사람은 이런 루머를 믿고 주식매수에 나선다. 일반 투자자들이 루머를 얻는 경로는 핸드폰으로 오는 문자나 인터넷의 주식 관련 사이트다.

먼저 핸드폰으로 오는 문자를 생각해 보자. 누군가에게 그런 문자를 받으면 그 말을 곧이곧대로 들어서는 안 된다. 이렇게 생각해야 한다. '이 문자가 나에게 올 정도면 아마 많은 사람들이 알고 있을 것이다. 그렇다면 이미 주가에는 반영이 되었겠구나. 그럼 내가 주식을 사더라도 더 먹을 것이 없고 오히려 설거지만 해주고 나오는 꼴이 되겠구나.'

주식 관련 사이트에서 들은 루머도 이렇게 생각해야 한다. '주식시장은 정보를 많이 가진 사람이 정보가 없는 사람으로부터 부를 빼앗는 게임이다. 그런데 왜 저 사람은 정보를 모든 사람이 볼 수 있는 오픈된 공간에 올려놓을까? 왜 자신에게 아무 이득도 없는 짓을 할까? 아마 저 사람은 저렇게 올리는 글을 이용해 무언가 빼먹기 위해서일 것이다. 그렇다면 그 사람이 올리는 정보는 진짜 정보가 아니라 가짜 정보일 확률이 높다.'

사기꾼에 속지 마라

이상한 전화를 받을 때가 있다. 종목을 추천해 주고 싶다는 것이다. 그것도 무료라고 한다. 이건 상식적으로 말이 안 되는 이야기다. 아니, 얼굴도 한번 보지 못한 사람이 나를 위해 종목을 추천해 주겠다고? 그것도 돈도 받지 않고? 이건 99퍼센트가 아니라 100퍼센트 사기다.

이런 사람들은 여러 경로를 통해 마케팅을 한다. 가장 대표적인 곳이 네이버 증권정보의 종목 토론실이다. 어느 종목이 폭락(혹은 폭등)하면 그 종목의 종목 토론실에 들어가 "ㅇㅇ종목의 폭락(혹은 폭등) 배경, 궁금하시면 핸드폰 번호 남겨주세요"라는 글을 남긴다. 궁금한 마음에 핸드폰 번호를 남기면 그때부터 줄기차게 주식 투자를 권유하는 전화나 문자를 받는다. 폭락(혹은 폭등) 이유? 그런 것은 전혀 설명하지 않는다. 그냥 미끼에 걸린 것이다.

이 사람들은 사람들 각각에게 각각 다른 수십 종목을 추천한다. 그중에는 상승한 것도 있을 것이고 하락한 것도 있을 것이다. 상승한 종목을 추천받은 사람에게 다시 문자를 보낸다. "지난번에 내가 추천한 종목을 사셨느냐? ○○퍼센트의 수익이 나지 않았느냐?" 하면서 본색을 드러낸다. 그러면서 "1000만 원 투자금 기준, 1년 목표 기간에 목표 수익 5000만 원 가능. 이번 달은 특별히 입회비 420만 원에 적용 가능. 회원님, 투자금 1000만 원이면 매달 200만 원씩 수익이 생기기 때문에 입회비는 두 달이면 뽑고 남습니다. ○ 팀장 믿으시고 용기 내시는 것이 중요합니다. 지금이 정말 좋은 가격에 좋은 기회입니다"라는 등등의 문자를 보낸다.

여기에 혹할 사람은 없겠지만 이건 정말 말도 안 되는 유치한 사기다. 필자도 이런 전화나 문자를 받아 보았다. 한번 물어보았다. "아니, 여보시오, 이렇게 급등주를 많이 알고 있으면 어렵게 고객 모집하지 말고 당신 돈으로 직접 하는 게 훨씬 더 이익이 아니오?" 그랬더니 엉뚱한 동문서답의 답변을 한다. 또 물어보았다. "입회비를 받지 말고 오히려 수익이 생기면 그 수익의 몇 퍼센트를 가져가는 편이 더 합리적이지 않소?" 그랬더니 역시 동문서답의 답변을 하면서 바쁘니까 전화를 끊겠다고 한다.

주식시장에 믿을 사람은 아무도 없다. 오직 당신만 스스로 믿으면 된다. 만일 당신이 팔랑귀라면 주식 투자를 해서는 안 된다.

경제 공부 안 하는 사람은
주식 투자 하지 마라

    학교 다닐 때를 잠시 상기해 보자. 시험공부를 열심히 한 사람은 시험 성적도 잘 나온다. 시험공부를 하지 않은 사람은 시험 성적도 잘 나오지 않는다. 시험공부를 한 사람의 성적은 시험공부를 하지 않은 사람보다 좋다.

    주식도 마찬가지다. 경제 공부를 한 사람의 주식 투자 실적은 경제 공부를 하지 않은 사람의 실적보다 좋다. 그래서 최소한의 경제 공부는 하고 주식 투자에 나서야 한다. 서점에 가면 주식에 대한 책들이 매우 많다. 그중에서 본인의 수준에 맞는 책을 하나 골라 공부해야 한다. 좀 더 시간이 허락한다면 환율과 유가, 경제에 대한 책들을 읽어 보아야 한다. 물론 경제를 안다고 무조건 주식에 성공하는 것은 아니다. 우스갯소리지만 필자가 알고 있는 대부분의 경제학과 교수의 주식 투자 실적은 일반인과 크게 다르지 않다. 하지만 기본 지식이 있고 없고의 차이는 분명 존재한다. 깊은 지식까지는 필요 없지만 개론 정도의 기본 지식은 갖추고 주식 투자에 임해야 한다.

만일 이런 정도의 경제 공부도 되어 있지 않다면 주식 투자는 하지 않는 것이 좋다.

경제 신문 활용

경제 공부가 되어 있는지 아닌지를 알아보는 가장 좋은 방법은 경제 신문을 읽어 보는 것이다. 경제 신문을 첫째 면부터 마지막 면까지 읽어 보자. 신문 한 부를 모두 읽고 난 후 모르는 말이 하나도 없다면 경제 공부가 돼 있는 것이다. 하지만 첫째 면부터 모르는 말뿐이라면 경제 공부가 되어 있지 않은 것이다.

경제를 공부하는 가장 좋은 방법은 경제 신문을 꾸준히 읽는 것이다. 경제 신문을 꾸준히 읽어 나가다 보면 본인도 모르는 사이에 경제에 대한 감이 생길 것이다.

경제 신문을 읽을 때는 대충 읽지 말고 공부하듯이, 진지한 마음으로 읽는 것이 좋다. 경제 신문은 경제 교과서다. 교과서를 대하듯 진지한 마음으로 신문을 펼쳐들고 읽어야 한다. 행여 감춰진 뜻은 없는지 한 문장 한 문장 곱씹으면서 읽어 보자. 행간의 의미까지도 모두 파악하면서 읽는 것이 중요하다.

주식을 하는 사람이라면 누구나 경제 신문 한 부 정도는 보고 있을 것이다.

그러나 대부분은 경제 신문의 증권면만 눈여겨보고, 다른 면은 그냥 지나쳐 버린다. 증권면에 나온 기사 내용은 어제 있었던 상황을 기록해 놓은 것일 뿐이다. 즉 어제의 시황을 설명하는 기사일 뿐이지, 오늘 혹은 내일의 주가를 일러 주는 기사는 아니다. 증권면의 기사를 읽을 때에는 "아, 그래서 이 종목이 올랐구나" 혹은 "아, 그래서 이렇게 주식시장이 올라가는구나" 하는 사후(事後) 정보로 해석해야 한다.

이에 비해 산업면은 증권면보다 솔직하고 담백하다. 그래서 오히려 산업면에 있는 기사가 주식 투자에 도움을 주는 경우가 많다.

사족 한마디 하자. 요즘 경제 신문은 광고가 너무 많다. 신문을 펼치면 한면은 기사고 나머지 한 면은 광고다. 그래서 가끔씩 짜증이 나기도 한다. 그래도 할 수 없다. 현재로서는 가장 적합하고 저렴한 정보원이기 때문이다. 다만 후행성은 감안해야 한다. 주가가 올라갈 때는 더 올라갈 것처럼 희망 가득한 기사를 작성하고 주가가 하락할 때는 더 하락할 것 같은 불안 가득한 기사를 작성한다. 그래서 너무 시류에 편승하는 것이 아닌가 하는 생각이 들 때도 많다. 이런 점은 감안해서 신문을 보는 것이 좋을 것 같다.

투기하는 사람은 주식 투자 하지 마라

투자와 투기를 혼동해서는 안 된다. 투자는 정상적인 상황하에 수익을 추구하는 행위다. 반면 투기는 기회에 편승하거나 우연에 의해 수익이 발생하기를 기대하는 행위다.

손오공과 저팔계는 최근 똑같이 삼성전자와 현대차 주식을 매수했다. 삼성전자는 반도체 활황에 대한 기대감으로, 현대차는 애플과의 합작 기대감으로 투자했다. 손오공은 그동안 저축한 돈으로 장기 보유할 목적으로 주식을 샀고 저팔계는 시세 차익을 노리고 단기간에 수익을 낼 목적으로 은행 대출을 받아 주식을 샀다. 이 경우 손오공은 투자를 한 것이고 저팔계는 투기를 한 것이다. 주식을 산 행위는 동일하다. 주가가 하락하면 투자에 나선 손오공은

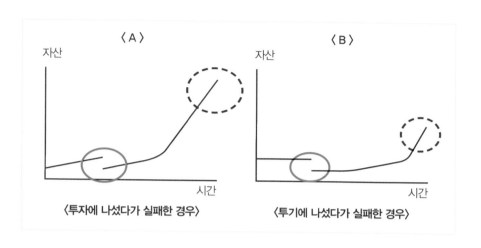

〈A〉 자산 시간

〈투자에 나섰다가 실패한 경우〉

〈B〉 자산 시간

〈투기에 나섰다가 실패한 경우〉

어차피 내 돈이기 때문에 그냥 보유하면 된다. 투기에 나선 저팔계는 금융 손실과 자산 가치의 하락을 맛보게 된다. 손오공과 달리 대출금에 대한 이자도 부담해야 하기 때문이다.

왜 투자는 장려되지만 투기는 만류돼야 하는지 위 그림을 통해 분석해보자.

그림 A는 투자에 나섰다가 실패한 경우다. 투자에 실패했기 때문에 자산은 주저앉을 수밖에 없다. 다시 종잣돈을 모으는 단계로 되돌아간다. 종잣돈을 만들고 다시 투자에 나서서 성공하게 되면 자산은 기하급수적으로 불어난다.

그림 B는 투기에 나섰다가 실패한 경우다. 실패했기 때문에 자산이 주저앉는 것은 그림 A와 같다. 다만 이후의 전개 과정은 상당히 다르다. 부채 상환에 상당한 기간을 허비해야 하기 때문이다. 자산은 상당 기간 옆으로 횡보하는 모양이 될 수밖에 없다. 다행히 종잣돈을 모아 투자에 나서 성공을 하면 자산이 불어나겠지만 그림 A와 비교해 보면 상당한 차이를 확인할 수 있다.

주식은 투기가 아닌 투자로

주식으로 이익을 본 사람보다 손해를 본 사람이 더 많은 게 사실이다. 이유는 간단하다. 투자가 아닌 투기로 접근했기 때문이다. 투자로 접근하여 우량주를 사서 계속 가지고 있었으면 결국은 이익이 났을 텐데 투기로 접근하다 보니 기다릴 수가 없었다. 부동산에 투자해서 이익을 본 사람이 많은 이유는 대부분 떨어질 때 팔지 않았기 때문이다. '어차피 살 집이니까 그냥 살자' 하는 마음으로 살다 보니 다시 집값이 올라간 것이다. 주식도 부동산같이 기다렸으면 됐을 텐데 기다리지 못해 손해를 본 것이다.

주식은 투자하는 마음으로 해야 성공 확률이 높아진다. 투기하는 마음이 조금이라도 개입되면 눈이 흐려지고, 실패의 가능성도 그만큼 커진다. 안정적인 수익을 올리려고 우량주를 사는 것은 투자 행위다. 단순히 고수익을 올리려고 부실주를 사는 것은 투기 행위다. 어느 쪽이 결과가 좋을지는 뻔하다.

주식시장이 활황이면 신문이나 방송에서 1000만 원으로 1억 원을 만들었다는 둥, 투자 금액의 몇십 배를 벌었다는 둥 하면서 어쩌다 얻게 된 행운을 침소봉대해 주식 투자 성공담을 과장해서 싣는다. 그 기사를 보는 사람은 '나도 저렇게 됐으면 좋겠다, 나도 저렇게 될 수 있지 않을까?' 하는 생각에 투기에 나서기도 한다.

다행스러운 점은 전반적인 투자 문화가 성숙해졌다는 것이다. 움직임이 둔하다는 이유로 대형주를 택하는 것보다 소형주를 선호하던 사람들, 기대 수익이 높다는 이유로 우량주 대신 부실주를 선호하던 사람들, 단순히 주가가 비싸다는 이유로 고가주보다 저가주를 선호하던 사람들, 조금만 수익이 나면 팔아버리고 손실은 커져도 팔지 못하던 사람들, 좋은 주식을 팔아 '똥주'를 사던 사람들이 투자 방법의 오류를 깨닫기 시작했다. 그래서 우량주를 중심으로 투자한 동학개미가 큰 호응을 얻고 있다. 이제 투자 문화가 바뀌었다. 주식은 '투기'가 아니고 '투자'다. 만일 아직도 주식을 투기로 생각한다면 주식 투자 하면 안 된다.

주식시장이 갑자기 급락할 때 충격을 완화하기 위해 매매를 일시적으로 중단시키는 것을 서킷 브레이커라고 한다. 종목별 서킷 브레이크도 있다. 변동성완화장치(VI, Volatility Interruption)다. 주가가 5퍼센트 이상 급변 시 일시적으로 5분간 매매를 중단하고 단일가 매매로 진행한다.

chapter 2

그래도 주식을
하고 싶다면 알고 하자

01

주식이란?

　주식이란 그 주식을 보유한 사람이 주주임을 증명하는 증서다. ○○회사의 주식을 가지고 있다는 것은 ○○회사의 주주라는 뜻이다. 내가 현대차의 주식을 사면 나는 현대차의 주주가 되고 현대차의 경영에 관여할 수도 있고 대표이사를 선출할 수 있는 권리도 가지게 된다. 다만 가지고 있는 주식 수만큼 권리가 생긴다. 1주를 가지고 있으면 1주만큼의 의결권이 있고, 100주를 가지고 있으면 100주만큼의 의결권이 있고, 1만 주를 가지고 있으면 1만 주만큼의 의결권이 있다.

　현대차의 보통주 주식 수는 2억 주가량이다. 만약 현대차 보통주 주식을 1주 가지고 있다면 2억분의 1만큼의 의결권을 가지게 되는 것이고 10주 가지고 있다면 2억분의 10만큼의 의결권, 100주를 가지고 있다면 2억분의 100만큼의 의결권, 1000주를 가지고 있다면 2억분의 1000만큼의 의결권을 가지게 되는 것이다.

의결권이 없는 주식도 있다. 우선주라고 하는 것이다. 우선주는 의결권이 없기 때문에 보통주보다 낮은 시세에서 거래된다. 다만, 배당은 보통주보다 1퍼센트를 더 받는다. 여기서 1퍼센트라고 하는 것은 액면가 기준이다. 현대차같이 액면가가 5000원이면 50원을 더 받고 삼성전자같이 액면가가 100원이면 1원을 더 받는다.

우선주

우선주는 여러 가지 형태가 있다. 이 중에서 주식 배당 시 1퍼센트를 더 지급하는 우리나라의 우선주는 1980년대 중반 이후에 봇물 터지듯 발행됐다. 1980년대 중반은 우리나라의 경제가 고도성장기의 과정을 달리던 시기였다. 각 기업마다 많은 규모의 자금을 필요로 했다. 공장을 짓고 기계를 들여오고 직원을 확충하느라 많은 돈이 필요했지만 돈이 부족했다. 증자를 해서 자본금을 늘리려고 하다 보니 대주주의 지분 가치가 희석되는 부작용이 생겼다. 돈이 필요하니 자본금은 늘려야겠고, 대주주의 지분 가치가 희석되는 것은 싫고, 이런 시대적 배경에서 우선주가 탄생했다. 왜냐하면 우선주에는 의결권이 없기 때문이다. 우선주 발행 한도는 보통주의 절반까지였다. 그 한도까지 우선주를 발행한 기업이 많았다. 이런 이유로 현재도 대주주는 대부분 우선주를 보유하고 있지 않다. 의결권이 없는 우선주를 굳이 보유할 필요가 없기 때문이다.

우선주는 처음에 보통주보다 15퍼센트 할인된 가격으로 산정해 발행했다. 지금은 보통주와 우선주의 가격 차이가 종목에 따라 들쭉날쭉 하지만 그래도 최초에는 15퍼센트의 격차를 보였다.

이후 외국인에게 증시가 개방되면서 우선주는 홀대를 받기 시작했다. 외국인들은 의결권도 없는 우선주를 주식이 아닌 채권으로 취급했다. 그 결과 우선주 파동이 일어났고 우선주 가격은 폭락했다. 우선주 파동 이후 여러 가지 대책이 세워졌다. 일정한 기간이 지나면 우선주를 보통주로 전환해 준다든지, 아니면 최저 배당률을 신설하는 등의 대책이 강구되었고, 이렇게 발행된 우선주를 신형 우선주라고 한다. 이후 우선주에 대한 인식 전환은 삼성전자 우선주 덕분에 이루어졌다. 삼성전자 우선주의 보통주 전환 문제로 삼성전자와 미국계 투자회사 멘체스트가 법정 공방을 벌인 사례가 우선주 주주의 권리에 대한 관심을 끌었다.

비록 우선주가 의결권이 없다고는 하지만 개인 투자자 입장에서는 굳이 신경 쓸 필요가 없다. 주식을 매수하면서 회사의 경영에 참여하려 하는 투자자는 거의 없을 것이기 때문이다. 따라서 같은 주식이라면 배당을 더 받을 수 있는 우선주가 매력이 있다.

우선주에 투자할 때 우선주 주가가 보통주보다 높은 경우는 주의해야 한다. 이 경우는 대부분 상장주식 수가 적어서 적은 물량으로 시세를 조정하려는 것이다.

02

주가란?

주가는 주식의 가격이다. 처음에는 액면가로부터 시작한다. 액면가는 주식 한 주의 원래 가격이다. 액면가는 100원, 200원, 500원, 1000원, 2500원, 5000원, 1만 원의 일곱 가지 중 기업이 선택할 수 있다. 현재 1만 원의 액면가를 선택한 기업은 없다. 액면가에서 시작한 주가는 기업의 실적에 따라 액면가 이하로 떨어지기도 하고 액면가 이상으로 오르기도 한다. 혹은 액면가의 몇 십 배가 되기도 한다.

LG전자의 액면가는 5000원이고 2020년 12월 30일 주가는 13만5000원이다. 액면가에 비해서 27배나 가치가 올랐다. LG전자는 9000억 원의 자본금으로 89조 원의 자본을 만들었다. 그동안 이익 난 것을 합치고 증자하면서 차익금 남은 것도 합치고 해서 16조 원이라는 자본총계를 만든 것이다. 18배나 늘어났다. 여기에 1년 순이익도 1800억 원에 달한다. 그래서 주가가 액면가보다 27배나 높은 13만5000원을 기록하고 있는 것이다.

반면 액면가에도 미치지 못하는 주식도 있다.

성안은 섬유 제품의 제조, 가공 및 판매업을 하고 있는 회사다. 섬유 제품의 제조, 판매 및 수출입업이 매출의 90퍼센트 이상을 차지하고 있다. 액면가는 500원인데 2020년 12월 30일 주가는 347원에 불과하다. 자본금은 284억 원, 자본총계는 793억 원인데 순이익은 −162억 원이다. 적자 기업인 데다 성장성까지 불투명하니 주가는 액면가 밑이다.

회사의 몸값은 주가로 표현된다. 주가가 높은 종목은 높은 이유가 있고 낮은 종목은 낮은 이유가 있다. 주식 투자를 할 때는 주가가 높아야 하는데 저평가를 받아 낮은 종목을 매수하고, 주가가 낮아야 하는데 버블이 끼어 높은 종목은 매도해야 한다.

베타계수

주식시장에는 2천여 개의 종목이 존재한다. 종합주가지수가 5퍼센트 상승했다고 해서 모든 종목이 5퍼센트 상승하지는 않는다. 어떤 종목은 10퍼센트가 오르고 또 어떤 종목은 오히려 10퍼센트 하락하기도 한다. 정해진 기간 동안 종합주가지수와 비교했을 때 얼마만큼이나 동조화 현상을 보였는지 보여주는 것이 베타계수다.

베타계수가 1이라는 것은 종합주가지수와 정확히 같이 움직였다는 뜻이고 베타계수가 -1이라고 하는 것은 종합주가지수와 정확하게 반대로 움직였다는 의미다.

베타계수가 1보다 크면 종합주가지수의 상승폭(혹은 하락폭)보다 더 크게 움직였다는 것이고, 베타계수가 1보다 작으면 종합주가지수의 상승폭(혹은 하락폭)보다 작게 움직였다는 것이다. 주가가 10퍼센트 올랐을 때 A종목은 12퍼센트 오르고 B종목은 8퍼센트 올랐다면 A종목의 베타계수는 1.2고 B종목의 베타계수는 0.8이다.

베타계수는 기간을 같이 보아야 한다. 직전 1개월과 직전 6개월 그리고 직전 1년의 베타계수가 제각각이기 때문이다. 1개월의 베타계수는 종합주가지수와 종목의 1개월 동안의 관계를 보여 주는 것이고, 1년의 베타계수는 종합주가지수와 종목의 1년 동안의 관계를 보여 주는 것이다.

베타계수를 활용한 투자 방법으로는 주식시장이 상승세를 보일 때는 베타계수가 높은 종목을 매매 대상으로 삼고 주식시장이 하락세를 보일 때는 베타계수가 낮은 종목을 매매 대상으로 삼는 것이 있다.

거래 증권사 선정 기준은
따로 없다

주식을 매매할 때는 증권사를 이용해야 한다.

어느 증권사를 선택하든지 솔직히 큰 차이는 없다. 삼성증권에 가야지만 삼성전자를 살 수 있는 것도 아니고 현대차증권에 가야지만 현대차를 살 수 있는 것이 아니다. 모든 증권사에서 삼성전자나 현대차를 살 수 있다.

예전에는 지점수가 많은 증권사와 집 근처에 있는 증권사를 선호했다면 지금은 굳이 그럴 필요가 없다. 온라인으로 모든 것이 이루어지기 때문에 수수료가 가장 싼 증권사를 선택하는 편이 현명하다.

증권사의 수수료는 크게 두 가지로 분류된다. 오프라인 수수료와 온라인 수수료다. 오프라인 수수료는 증권사 지점 직원을 통해 주문을 낼 때 지불하는 수수료고 온라인 수수료는 내가 직접 주문 낼 때 지급하는 수수료다. 차이가 많이 난다. 증권사마다 수수료 체계가 상이하지만 일반적으로 오프라인 수수료는 0.5퍼센트를 징구한다. 내가 1000만 원어치 주문을 내면 5만 원을 수수료로 내야 한다. 그다음 수수료가 비싼 것은 ARS다. ARS 수수료는 약 0.2퍼센트다. 1000만 원어치 주문을 내면 2만 원을 수수료로 내야 한다.

HTS와 MTS는 수수료가 싼 편이다. HTS는 0.015퍼센트에서 0.1퍼센트 수준이다. 1000만 원어치 주문을 내면 1500원에서 1만 원 사이다. 가장 수수료가 싼 것은 MTS인데 0.02퍼센트 안팎이다. 그런데 각 증권사의 경쟁으로 이제는 MTS 수수료가 무료라고 제시하는 증권사가 늘고 있다.

수수료가 무료라고 하니까 초보 투자자는 1만 원에 사서 1만100원에 팔면 100원이 남는 것으로 착각한다. 그렇지 않다. 매도할 때 세금은 내야 한다.

주식을 매도할 때는 거래 대금의 0.23퍼센트를 세금으로 낸다. 손실이 나더라도 세금은 내야 한다. 거래소 시장은 증권거래세 0.08퍼센트, 농어촌특별세 0.15퍼센트 합계 0.23퍼센트를 세금으로 내고, 코스닥 시장은 증권거래세로만 0.23퍼센트를 낸다. 증권거래세는 주식을 팔 때 내는 것이기 때문에 살 때는 내지 않는다. 또 한 가지 주식을 보유하고 있다가 배당을 받으면 세금을 낸다. 배당소득세는 배당금의 14퍼센트, 지방소득세는 배당금의 1.4퍼센트이므로 합계 15.4퍼센트의 세금을 낸다.

증권사가 말하는 수수료 무료는 자기네 회사가 받는 수수료를 받지 않겠다는 것이다. 유관 기관에 내는 수수료는 받는다. 증권사에서는 매매 수수료를 받아 그중 일부를 한국거래소, 증권예탁원, 금융투자협회 등에 회비로 내는데 대충 0.004퍼센트 수준이다. 이 금액은 면제해 주지 않는다. 100만 원을 매매하면 40원 정도가 유관 비용이다.

증권사에서 산 주식은 증권사에 보관하지 않고 한국예탁결제원이라고 하는 곳에 안전하게 보관한다. 전자주권 발행으로 실물이 없는 경우라도 상장사의 주주명부에 올라 있으므로 증권사가 망하더라도 걱정할 필요는 없다.

HTS, MTS

증권사 직원과 상담하기를 원한다면 가까운 지점으로 가서 계좌를 개설하면 된다. 수수료 내기가 부담스럽다면 수수료가 무료인 증권사의 MTS를 다운받아 계좌를 개설하고 거래하면 된다.

HTS(Home Trading System)는 PC에서 투자자가 직접 주식을 매매할 수 있도록 만든 주식 매매 프로그램이고 MTS(Mobile Trading System)는 스마트폰에서 투자자가 직접 주식을 매매할 수 있도록 만든 주식 매매 프로그램이다. 각 증권사는 자사만의 특화된 기능을 강조하는데 사실 큰 차이는 없다. 가장 중요한 것은 매수 화면과 매도 화면, 즉 매매할 수 있는 화면인데 대부분 비슷비슷하다. 다만 인증하는 방법과 화면은 각양각색이다. 예를 들어 어떤 증권사는 계좌 비밀번호만으로 계좌를 조회할 수 있는데 어떤 증권사는 공인인증서의 비밀번호를 입력해야지만 조회할 수 있다. 주문도 간편 주문을 실시하는 증권사도 있고 사용하기가 좀 까다롭게 해놓은 증권사도 있다. 관심이 가는 증권사의 프로그램을 다운받아서 실제로 주가 조회도 해보고 주문도 내 보고 잔고도 확인해 보면서 사용자가 부드럽게 사용할 수 있는 HTS, MTS를 고르면 될 것이다.

주문을 내는 방법

계좌를 만들었으면 이제 주문을 내야 한다. 주문을 내는 화면은 각 증권사마다 세부적으로 다른 점이 몇 개 있기는 하지만 대부분 대동소이하다.

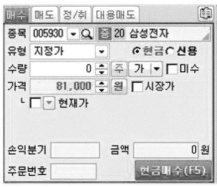

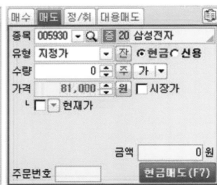

위 화면은 매수 주문을 내는 화면이다. 그래서 색깔이 빨간색이다. 매도 주문일 경우에는 파란색으로 나타난다.

제일 먼저 눈에 띄는 부분이 지정가라고 하는 것이다.

지정가는 본인이 가격을 지정해서 낸다는 뜻인데 가장 일반적인 주문 유형이다. 만일 내가 8만500원에 사고 싶으면 가격에 8만500원이라고 지정하면 된다. 그리고 수량에는 내가 사고 싶은, 혹은 팔고 싶은 수량을 기입하면 된다. 이렇게 기입이 끝나면 우측 하단의 버튼을 클릭하면 주문이 완성된다.

주문을 내고 마음이 바뀌면 취소 주문을 낼 수 있고 가격을 정정하고 싶으면 정정 주문을 내면 된다. 단, 이미 체결이 되었다면 취소도 할 수 없고 정정도 할 수 없다.

지정가 다음으로 많이 사용하는 유형은 시장가다.

시장가는 시장에서 체결될 수 있는 가격으로 주문을 내는 방식이다. 시장가로 주문을 내면 가격을 지정할 수 없다. 바로 살 수 있는 가격으로 주문이

나가기 때문이다. 예를 들어 ○○제약이 코로나 치료제를 개발했다고 하자. 이렇게 큰 호재가 나오면 순식간에 상한가까지 주가가 상승한다. 이럴 때 매도 호가로 가격을 지정해서 매수 주문을 내다가는 거의 체결되지 않는다. 반대로 ○○제약의 부도설이 나왔다고 하자. 이런 대형 악재가 나왔을 때는 순식간에 하한가까지 주가가 하락한다. 이 경우에도 매수 호가로 가격을 지정해서 매도 주문을 내면 거의 체결되지 않는다. 이렇게 시장가는 가격이 급변할 때 주로 사용한다. 시세가 급변해서 모니터에 나와 있는 가격을 보고 주문을 내면 이미 늦기 때문이다.

자주 사용하지는 않지만 '조건부 지정가'라고 하는 것도 있다. 조건부 지정가는 장중에는 지정가로 주문이 나갔다가 거래가 체결되지 않으면 장이 마감하는 동시 호가 때 시장가 주문으로 전환되는 주문방법이다.

가격 제한폭

가격 제한폭은 주가가 하루에 변동할 수 있는 폭이다. 예전에는 1만 원 이하는 600원, 2만 원대는 800원, 3만 원대는 1300원 하는 식으로 가격대별 금액을 정해 놓았다가 1995년에는 6퍼센트, 1996년에는 8퍼센트, 1998년에는 15퍼센트, 2015년에는 30퍼센트로 확대해왔다. 가격 제한폭은 무분별한 주가 움직임으로부터 투자자를 보호하는 가격 안정화 장치다. 투자 문화가 성숙해 지금은 30퍼센트의 가격 제한폭과 변동성완화장치(VI, Volatility Interruption)로 잘 운영되고 있으며 한국거래소에서는 가격 제한폭을 아예

없애는 것을 최종 목표로 잡고 있다.

어쨌든 2021년도 현재 주식의 가격 제한폭은 30퍼센트다. 주가가 하루에 상승할 수 있는 최대한의 금액이 상한가이고 반대로 하루에 하락할 수 있는 최대한의 금액이 하한가다. 주가는 전일 종가의 30퍼센트만큼 오를 수 있고 내릴 수 있다. 전일 종가가 1만 원인 주식이라면 오늘은 7000원과 1만3000원 사이에서 거래가 이루어진다. 큰 호재가 났다면 상한가인 1만3000원까지 상승할 것이고 큰 악재가 났다면 하한가인 7000원까지 하락할 것이다.

호재란 말 그대로 좋은 재료라는 뜻이다. 신약을 개발했다든지, 순이익이 급증했다든지 하는 것은 호재다. 반면 악재는 나쁜 재료다. 신약 개발에 실패했다든지 순이익이 급감했다든지 하는 것은 악재다. 똑같은 상황이 A라고 하는 업종에는 호재가 되고 B라고 하는 업종에는 악재가 되는 경우도 있다. 남북이 화해하는 분위기가 되면 경제협력 관련주에는 호재지만 전쟁 관련주에는 악재가 된다.

매도 호가, 매수 호가

호가는 사겠다고 혹은 팔겠다고 부르는 가격이다. 매도 호가는 주식을 매도할 사람이 부르는 가격 중에서 제일 낮은 가격이고 매수 호가는 주식을 매수할 사람이 부르는 가격 중 제일 높은 가격이다.

위 화면의 상단은 파란색이고 하단은 빨간 색이다. 상단은 팔려고 내놓은 가격이고 하단은 사려고 하는 가격이다. 팔려는 가격을 보면 8만1100원에 29만528주, 8만1200원에 17만9908주, 8만1300원에 18만1531주, 이런 식으로 대기하고 있으며 이 중에서 제일 낮은 가격은 8만1100원이다. 그래서 매도 호가는 8만1100원이다.

사려고 하는 가격을 보면 8만1000원에 2만4325주, 8만900원에 2만7466주,

81,000 ▲	2,700	3.45%	29,417,421	96.96%
⟳ 증감	81,100	81,000	2,344,317백만	⟳
	132,584	82,000	시가	77,400	관
	54,835	81,900	고가	81,300	외
	21,903	81,800	저가	77,300	투
	16,646	81,700	상한	101,500	차
	33,143	81,600	하한	54,900	상
	192,127	81,500	기준	78,300	기
	78,293	81,400	가중	79,678	뉴
	181,531	81,300	VI	발동예상	
	179,908	81,200	상승	85,200	
	290,528	81,100	하락	69,600	
81,000	1	81,000	24,325	
81,000	100	80,900	27,466	
81,000	100	80,800	49,767	
81,000	136	80,700	65,849	
81,000	6	80,600	58,699	
81,000	10	80,500	91,392	
81,000	5	80,400	80,684	
81,000	300	80,300	132,940	
81,000	123	80,200	22,408	
81,000	1	80,100	34,218	
	1,181,498	-593,750	587,748	

8만800원에 4만9767주, 이런 식으로 대기하고 있으며 이 중에서 제일 높은 가격은 8만1000원이다. 그래서 매수 호가는 8만1000원이다.

이 경우 매도 호가인 8만1100원에 매수 주문을 내면 바로 살 수 있다. 만일 8만1000원에 주문을 내면 나보다 먼저 주문 낸 2만4325주가 다 체결된 다음에야 내 순서가 돼 내 것이 체결된다. 만일 그 사이에 주가가 오르면 내가 낸 주문은 체결되지 않는다.

마찬가지로 매수 호가인 81,000원에 매도 주문을 내면 바로 팔 수 있다. 만일 8만1100원에 주문을 내면 나보다 먼저 주문 낸 29만528주가 다 체결된 다음에야 내 순서가 돼 내 것이 체결된다. 만일 그 사이에 주가가 내리면 내가 낸 주문은 체결되지 않는다.

아침 첫 매매는 동시 호가에 의해 시작

주식시장은 9시에 시작된다. 하루의 주가가 시작되려 할 때 그 직전까지 사자는 사람의 주문과 팔자는 사람의 주문을 모아 최초 가격을 결정하는 것을 동시 호가라고 한다. 그리고 아침 8시 30분부터 주문을 받는 9시 직전까지의 시간을 동시 호가 시간이라고 한다.

사자는 사람과 팔자는 사람의 주문을 체결해 주는 몇 가지 원칙이 있다.

첫 번째는 가격 우선의 원칙이다. 사겠다는 사람 중에서 가장 비싸게 사겠다는 사람, 팔겠다는 사람 중 가장 싸게 팔겠다는 사람의 주식을 먼저 체결해 준다. 이때 체결되는 가격은 동시 호가 가격이다. 예를 들어서 어제 종가가 2만 원에 끝난 주식을 2만2000원에 사겠다고 주문을 내더라도 동시 호가가 2만100원으로 결정되면 비록 주문은 2만2000원에 냈더라도 2만100원에 체결된다. 마찬가지로 1만8000원에 팔겠다고 주문을 냈더라도 동시 호가가 2만100원이면 2만100원으로 체결된다.

두 번째는 시간 우선의 원칙이다. 가격이 같은 경우, 먼저 주문을 낸 사람부터 차례차례 체결해 준다. 단 동시 호가는 같은 시간에 주문을 낸 것으로 본다.

세 번째는 수량 우선의 원칙이다. 많은 수량을 주문 낸 사람부터 먼저 체결해 준다.

이런 순서에 의해 체결이 이루어지면 사는 사람도 파는 사람도 불만이 생기지 않는다.

투자자가 궁금해하는 것은 동시 호가 때 주가가 상한가로 시작하는 경우다. 예를 들어서 내가 이 주식을 꼭 사야겠다고 생각해서 상한가에 주문을 냈는데 마침 동시 호가가 상한가로 시작되면서 매도 수량이 없는 그런 경우다. 이때는 주문 수량을 낸 사람에게 먼저 100주씩 균등하게 배분해준 다음에 주문 수량이 많은 사람부터 배분해 준다. 예를 들어 A, B, C 세 사람이 각각 1만 주, 1000주, 500주를 상한가에 사자고 주문을 냈는데 나온 물량이 총 400주밖에 안 된다면 A, B, C 세 사람에게 각각 100주씩을 동시 호가로 배분해주고 남은 100주는 가장 수량을 많이 신청한 A에게 준다. 동시 호가 때 배분받는 수량은 A가 200주, B가 100주, C가 100주가 되고 체결 잔량은 A가 9800주, B가 900주, C가 400주가 된다. 그리고 이후에 물량이 나오면 100주씩→500주씩→1000주씩→2000주씩→잔량의 2분의 1씩→잔량의 순으로 배분해 체결한다.

호가 단위

호가 단위는 주식을 매매할 때 얼마 단위로 주문을 낼 수 있는지 알려 준다. 1000원 미만은 1원 단위로 호가가 이루어진다. 938원 사자, 939원 팔자, 이런 식으로 호가가 이루어지는 것이다. 1000원부터 5000원 미만은 5원 단위로 호가가 이루어진다. 2560원 사자, 2565원 팔자, 이런 식이다. 5원 단위이기 때문에 2561원 사자, 2562원 팔자, 이런 주문은 성립하지 않는다. 5000원부터 1만 원 미만은 10원 단위, 1만 원부터 5만 원 미만은 50원 단위, 5만 원부터 10만 원 미만은 100원 단위로 호가 단위가 이루어진다.

〈주문호가 단위〉

구간	유가증권시장(원)	코스닥시장(원)
1000원 미만	1	
1000원 ~ 5000원 미만	5	
5000원 ~ 1만 원 미만	10	
1만 원 ~ 5만 원 미만	50	
5만 원 ~ 10만 원 미만	100	
10만 원 50만 원 미만	500	100
50만 원 이상	1000	100

전자공시시스템

공시란 기업에서 투자자에게 알려야 할 사항을 발표하는 것이다. 대규모 공사를 따냈다는 호재성 재료도 공시 사항이지만 악재성 재료도 공시 사항이다. 이렇게 호재성 재료와 악재성 재료를 모두 밝혀야 하는 이유는 증권 거래의 공정성을 제고하고 올바른 투자 판단 자료를 제공해 투자자를 보호하기 위해서다. 만일 이런 제도가 없다면 회사의 내부 사정에 정통한 내부인과 여기에 연결된 일부 세력이 먼저 취득한 정보를 이용해 불공정 매매를 할 가능성이 있기 때문이다.

공시에는 정기 공시와 수시 공시의 두 가지가 있다. 정기 공시는 사업보고서나 반기보고서와 같이 중요한 보고 사항을 담고 있으며, 이를 통해 회사가 얼마나 경영을 잘했는지 파악할 수 있다. 정기 공시 중 사업보고서에는 회사의 개요, 사업의 내용, 재무에 관한 사항, 감사인의 감사 의견, 이사의 경영 진단 및 분석 의견, 주주에 관한 사항, 임원 및 직원 등에 관한 사항, 계열 회사 등에 관한 사항, 이해 관계자와의 거래 내용, 그 밖에 투자자 보호에 필요한 사항 등이 기록돼 있다. 여기에서 가장 최신의 정보 입수가 가능하다.

수시 공시는 증자나 회사채 발행 같은 회사의 중요 사항을 발표하는 것으로 수시 공시를 통해 투자자들은 그 회사의 주식을 사야 할지 팔아야 할지를 결정하곤 한다.

전자공시시스템의 또 다른 장점은 회사에 얽힌 여러 가지 소문을 미뤄 짐작할 수 있다는 것이다. 증권시장이라고 하는 곳은 수없이 많은 루머가 난무하는 곳이다. 관계 기관은 주가에 영향을 미치는 사안에 대해 해당 회사에 사실 확인을 요청한다. 그러면 그 회사는 '사실이다' 혹은 '사실 무근이다'라고 공시를 해야 한다. 이런 공시를 시계열적으로 검토해 보면 이 회사에 어떤 루머가 있었는지도 짐작할 수 있다.

무료로 조회 가능한 종목 분석

기업이 발표한 각종 공시를 모아 놓은 곳이 금융감독원의 전자공시시스템(http://dart.fss.or.kr)이다. 이곳에는 해당 기업의 공시 사항이 모두 입력돼 있으며 각종 정보를 무료로 조회해볼 수 있다. 종목 선정을 하기 전에 기업에 대한 정보를 알아보려 할 때 가장 쉬우면서도 방대한 자료를 구할 수 있는 곳이다.

　전자공시시스템을 이용하는 방법은 간단하다. 해당 화면에서 종목명이나 종목 코드만 입력하면 된다. 그러면 지금까지 있었던 공시가 제목별, 날짜별로 쭉 나열된다. 이 화면으로 어떠한 공시가 있었는지를 파악할 수 있고, 좀 더 자세한 내용을 알고 싶다면 제목을 클릭하면 된다.

　종목 분석을 할 때는 가장 먼저 사업보고서를 살펴 봐야 한다. 회사의 '개요'에서 이 회사가 어디에 위치하고 있고 어떤 사업을 하는지 알 수 있다. 회사의 '연혁'에서는 이 회사의 히스토리를 파악할 수 있다. 특히 회사 이름을 자주 바꾸는 경우에도 어떻게 바뀌었는지도 파악할 수 있다. 최근 3년간 배당을 어떻게 했는지도 나와 있다. 만일 그 전의 배당 내용을 알고 싶다면 3년 전의 사업보고서를 열람하면 된다. 사업의 내용은 가장 읽을거리가 많은 부분이다. 산업의 특성부터 업계 현황까지 알 수 있고 회사의 내부 사정도 소상히 알 수 있다.

07

손절매(loss cut)

주식을 매수할 때는 명백한 이유가 있어야 한다. 막연한 루머 때문에 혹은 주가가 싸 보여서, 혹은 왠지 올라갈 것 같은 기분이 들어서 매수했다면 주가가 하락할 때 당황하기 쉽다. 하락하는 경우를 대비하지 않았기 때문이다. 그래서 머뭇거리다가 매도 타이밍을 놓쳐 버리고, 결국 엄청난 손실을 보고 나서 후회하면 너무 늦다.

'내가 왜 이 주식을 사는가?'에 대한 뚜렷한 이유가 있었다면 주가가 하락할 때 그 이유를 검토해볼 필요가 있다. 예를 들어 하반기에 실적이 대폭 호전된다는 기사를 보고 주식을 샀는데 의외로 하락했다면 과연 하반기 실적이 실제로 호전되는지 조사해볼 필요가 있다. 그 결과 본인이 생각한 것과 다르다면 과감히 손절매를 해야 한다.

손절매란 손해를 본 상황에서 더 큰 손실을 방지하고자 손해를 무릅쓰고 매도하는 것이다. 어느 선에서 손절매 해야 하는지는 투자하는 사람에 따라 다르다. 고가 우량주를 산 사람이라면 손절매를 하지 않고 그냥 버티기도 한다. 이런 주식은 하락하다가도 시간이 경과하면 다시 오르는 경우가 많기 때문이다. 오히려 주가가 하락하면 추가 매수의 기회로 삼기도 한다.

손절매의 기준은 5퍼센트로 정하기도 하고 10퍼센트로 정하기도 한다. 5퍼센트로 기준을 정했다면 5퍼센트 손실이 발생했을 때 주문을 넣어야 한다. 1만 원에 산 주식이라면 주가가 9500원 밑으로 하락했을 때 매도해야 한다. 기준을 10퍼센트로 잡았다면 9000원 밑으로 하락했을 때 매도해야 한다.

손절매의 기준을 너무 좁게 잡으면 주가가 하락했다가 반전하는 경우 물량을 빼앗기기 쉽다. 또 너무 넓게 잡으면 몇 번의 손절매로 투자 금액이 큰 폭으로 줄어들게 된다. 본인에게 적합한 손절매 기준을 세워야 한다.

분할 손절매

손절매는 이론상으로는 참 좋은 말이지만 실제 행동으로 옮기려면 무척 가슴 아프다. 그러기에 많이 망설인다. 많은 투자자들이 순간적인 마음의 동요로 손절매 기회를 놓쳐 고생한다.

손절매에 대한 괴로움을 그나마 조금이라도 덜어주는 것이 분할 손절매다. 즉, 10퍼센트룰을 정했다면 10퍼센트가 하락했을 때 주식을 팔되 다 팔지 않고 3분의 1 정도만 파는 것이다. 이렇게 일부분만 팔면 주가가 다시 상승세로 돌아섰을 때 나머지 부분으로 수익을 내 최소한 손실은 보지 않을 수 있다. 만일 추가로 20퍼센트가 하락한다면 다시 3분의 1 정도를 판다. 처음 손절매 했을 때보다 10퍼센트 더 손해를 보는 셈이지만 그래도 처음에 판 것은 두 번째 판 것에 비해 10퍼센트 더 비싸게 판 셈이어서 조금은 마음의 위안이 된다. 여기서 또 10퍼센트가 하락하면 남은 3분의 1을 전량 매도하는 방법이다. 결과적으로 처음에 정한 10퍼센트 손절매보다 더 낮은 가격으로 매도한 셈이 되었지만 혹시라도 주가가 반등할 경우를 대비할 수 있고 감정에 휩싸여 손절매를 아예 하지 못하는 경우도 피할 수 있다.

프로그램 매매

프로그램 매매란 컴퓨터에 여러 종목의 주문을 한꺼번에 저장해 놓았다가 특정 시점이 되면 일시에 주문을 집행하는 것이다. 사람이 일일이 한 종목씩 매매하다 보면 시간이 소요되기 때문에 한꺼번에 주문이 나갈 수 있도록 프로그래밍을 해놓아 프로그램 매매라고 한다.

프로그램 매매 중 '차익 거래'는 현물 가격과 선물 가격이 일치하지 않는 점을 이용해 그 차이에서 나오는 이익을 얻으려고 매매하는 것이다. 만약 선물이 고평가되고 현물이 저평가되었다면 고평가된 선물을 팔고 저평가된 현물을 사서 차익을 남긴다. 반대로 선물이 저평가되고 현물이 고평가되었다면 저평가된 선물을 사고 고평가된 현물을 팔아 차익을 남긴다. 전자를 프로그램 매수라 하고 후자를 프로그램 매도라 한다.

선물 가격은 시장에서 거래되는 코스피선물이 기준이 되고 현물 가격은 코스피200(거래소 유가증권시장에서 선정된 200개 종목으로 산정한 지수)이 기준이 된다. 이때 코스피200은 따로 거래되는 것이 아니라 200개 종목의 주가를 실시간으로 가중평균하여 산출한다. 따라서 코스피200을 매수하려면 현물 바스킷으로 한꺼번에 매수 주문을 내야하고 코스피200을 매도하려면 현물 바스킷으로 한꺼번에 매도 주문을 내야 한다.

코스피선물이 코스피200보다 높은 수치일 때 콘탱고(contango)라 하고 그 반대의 경우는 백워데이션(backwardation)이라 하며 그 차이를 베이시스(basis)라고 한다. 일반적으로 콘탱고인 경우가 대부분이지만 향후 주가 전망이 비관적일 때에는 백워데이션이 되기도 한다.

주식시장이 갑자기 급락하는 경우

1987년 10월 19일 월요일, 미국 주가는 하루 동안 22.6퍼센트가 폭락했다. 블랙먼데이라고 부르는 이 사건에 대한 조사가 이루어졌는데 뜻밖에도 원인은 컴퓨터에 있었다. 일정한 기준을 초과해서 하락하면 손절매를 실시하도록 컴퓨터에 명령을 내려 놓은 것이 주가 대폭락의 원인이었다. 주가가 하락하자 한곳에서 손절매 물량이 나왔고 그 물량 탓에 주가가 다시 하락하고 그러자 다시 다른 곳에서 손절매 물량이 나왔고 주가는 또 다시 하락하는 악순환이 반복되었던 것이다. 그 결과 주식시장은 걷잡을 수 없이 폭락해 검은 월요일 사태가 되었다.

이러한 폐단을 방지하고자 새롭게 만든 제도가 서킷 브레이커(Circuit breakers)와 사이드카(Side car)다.

주식시장이 갑자기 급락할 때 충격을 완화하고 투자자의 손실을 방지하고자 매매를 일시적으로 중단시키는 것이다. 선물시장의 경우 최근 월물 가격이 기준 가격보다 5퍼센트 이상 높고 이론가보다 3퍼센트 높은 경우 5분간 중단하고 현물시장의 경우 주가지수가 10퍼센트 이상 하락한 상태가 1분 이상 지속되는 경우 주식 거래를 20분간 중단시킨다. 이를 서킷 브레이커(circuit breaker)라고 한다. 전기회로에서 과열된 회로(circuit)를 차단(break)한다는 의미다.

종목별 서킷 브레이크도 있다. 변동성완화장치(VI, Volatility Interruption)다. 주가가 5퍼센트 이상 급변 시 일시적으로 5분간 매매를 중단하고 단일가 매매로 진행한다.

선물 가격이 급격하게 상승하거나 하락할 때 현물시장에 미치는 충격을 완화하기 위해 일시적으로 현물 프로그램 매매 체결을 지연시켜 진정시키는 장치도 있다. 이를 사이드카(side car)라고 한다. 선물 가격이 전일 종가 대비 5퍼센트 이상 변동돼 1분 이상 지속될 경우 프로그램 매매 호가를 5분간 정지시킨다. 프로그램 매매의 경우, 선물 가격이 급등하면 자동적으로 현물시장에 매수 물량이 쏟아지고, 선물 가격이 급락하면 현물시장에 매도 물량이 쏟아져 시장 변동성을 초래할 수 있기 때문이다.

09

외국인 투자자 동향

필자가 증권회사 법인부 차장으로 근무하던 1998년 초겨울이었다. IMF 이후 종합주가지수는 지속적으로 하락해 300선마저 붕괴됐다. 그 후 몇 달을 300대에서 지루하게 움직였다. 매수세가 없어 팔고 싶어도 팔지 못하던 상황이었다. 11월부터 이상한 움직임이 포착됐다. 외국인 투자자가 주식을 계속 사는 것이었다. 거래도 없던 터에 외국인이 계속 사주니 개인 투자자와 기관투자자들은 잘되었다 싶어 계속 매도했다. 외국인들의 매수세가 계속 이어졌다. 종합주가지수는 400을 돌파했고 다시 500을 돌파하고 600도 돌파했다. 당시 많은 국내 투자자들은 외국인들이 왜 저렇게 주식을 사 들이는지 아무도 몰랐고 매도의 좋은 기회로만 여겼다. 하지만 외국인이 이렇게 주식을 사들인 이유는 있었다. '국가신용등급 투자적격 상향'이라는 초대형 호재 때문이었다. 이 발표가 있고 난 후 그제야 국내 투자자들은 '아, 그래서 외국인 투자자가 주식을 마구 사들였구나' 하고 알게 되었다.

꼭 이 사건만이 아니더라도 외국인 투자자는 개인 투자자와 기관 투자자와 더불어 우리나라 주식시장의 3대 축이다. 외국인 투자자의 동향을 지속적으로 살펴야 하는 이유다. 특히 미국 시장의 움직임에 주목해야 한다.

미국 주식 시장 주목

밤사이 미국 주가가 어떤 흐름을 보였느냐에 따라 우리나라 주식시장의 흐름이 달라진다. 우리 시간으로 새벽이면 미국 시장이 끝나는 시간이다. 미국의 주식시장이 강세로 끝나면 우리나라의 주식시장도 강세로 시작하는 경우가 많다. 미국의 주식시장이 약세로 끝나면 우리나라의 주식시장도 약세로 시작하는 경우가 많다.

우리나라 주식시장이 열리는 동안은 미국의 주식시장은 열리지 않는다. 다만 나스닥 선물지수는 알 수 있다. 나스닥 선물지수는 거래량이 많지 않다는 단점이 있으나, 다음 날의 미국 시장을 알아볼 유용한 자료로 많이 이용되고 있다.

미국 시장의 동향과 주가 그래프를 볼 때는 달러와 연관 지어 관찰해볼 필요도 있다. 외국인 투자자의 입장이 되어 한번 생각해 보는 것이다.

외국인 투자자의 입장에서는 주가와 더불어 환율도 신경 써야 한다. 환율

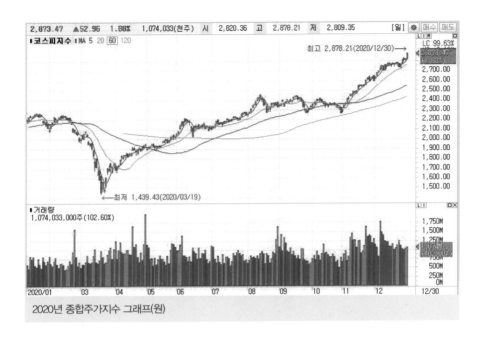

코스피지수 MA 5 20 60 120

최고 2,878.21(2020/12/30)➡

← 최저 1,439.43(2020/03/19)

거래량
1,074,033,000주 (102.60%)

2020/01 '03 '04 '05 '06 '07 '08 '09 '10 '11 '12 12/30

2020년 종합주가지수 그래프(원)

의 하락폭이 주가의 하락폭보다 크면 주가 하락에도 불구하고 이익이 나겠지
만, 주가의 상승폭보다 환율 상승폭이 더 크면 주가의 상승에도 불구하고 손
실을 보기 때문이다.

　달러 환율을 종목 그래프에 반영한다면 외국인의 정확한 이익이나 손실 규
모를 알 수 있다. 달러로 환산된 그래프는 가격 표시를 '원'으로 하지 않고 '달
러'로 한다.

　위 그래프는 원화로 표시된 그래프이다.

　주가의 최저점은 1439.43 최고점은 2873.47을 보이고 있다. 최저점 대비

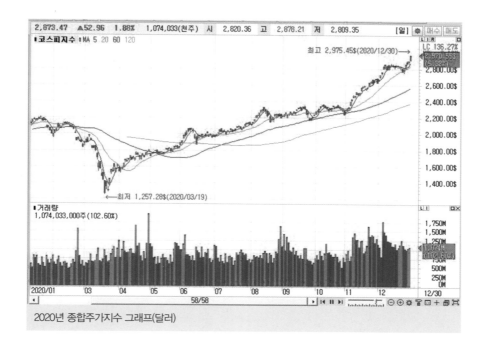

2020년 종합주가지수 그래프(달러)

최고점은 두 배 상승이다.

　위 그래프는 달러 환율을 반영한 그래프다. 최저점은 1257.28, 최고점은 2970.55를 기록하고 있다. 최저점 대비 최고점은 2.36배의 상승이다. 환율이 3월 1270원대에서 12월 1080원대로 하락했기 때문이다.

주의해야 할 점은 분할 매수가 행여 물 타기로 전락해서는 안 된다는 것이다. 분할 매수라고 하는 것은 투자 가치가 높은 우량주가 일시적인 수급 불균형으로 주가가 하락했을 때 저가에 사는 행위다. 물 타기는 투자 가치가 없는 주식을 단순히 주가가 하락했다는 이유로 사는 것이다.

chapter 3

실전 주식 매매

길게 투자해라

주식은 단기 투자로 접근하지 말고 장기 투자로 접근해야 한다.

장기 투자의 좋은 점은 시황에 휩쓸리지 않고 자신의 소신에 따라 투자할 수 있다는 점이다. 대형 우량주는 주가가 쉽게 올라가지 않는 것같이 보인다. 반면 저가 소형주는 가격 탄력이 뛰어나서 상승폭이 놀라운 경우가 더러 있다. 그러다 보니 단기 투자로 접근하는 사람은 대형 우량주보다 저가 소형주를 선호한다. 이 투자 방식은 안정성을 염두에 두었다기보다 수익성에 중점을 둔 투자 방식이다. 아이러니한 것은 안정성에 투자한 방식은 긴 시간이 지나가면 큰 수익을 올리는 경우가 많고, 수익성에 투자한 방식은 긴 시간이 지나가면 손실을 내는 경우가 많다는 것이다.

장기 투자를 하면서 부실주에 투자하는 사람은 없을 것이다. 부실주를 사 놓고 10년, 20년을 기다리면 아마 회사는 부도나서 주식은 휴지 조각으로 변해 있을 것이다. 하지만 우량주를 사놓고 10년, 20년 기다리면 주식에서 나오는 배당금은 은행 이자의 역할을 할 것이고 주가는 상승해 시세 차익도 기대할 수 있을 것이다.

오랜 기간 동안 투자해야 하기 때문에 우량주를 선택하는 것은 필수다. 사는 시기는 충분히 낮은 가격에 왔을 때다. 살 기회가 오지 않았으면 기다려야 한다. 증시 외적인 요인으로 주가가 폭락한다면 주식을 매수할 수 있는 좋은 기회다.

무턱대고 장기 투자만 한다고 높은 수익을 올릴 수 있는 것은 아니다. '우량한 종목'을 '낮은 가격'으로 샀기 때문에 장기 투자로 그 수익을 극대화하는 것이다. 장기 투자는 시간과의 싸움이다. 장기 투자로 주식시장의 변동성을 이겨 낸다면 한결 마음고생을 덜 하는 투자를 할 수 있을 것이다.

주식으로 가장 크게 수익을 올릴 수 있는 방법

일반인이 주식에 관심을 가지기 시작하는 때는 신문, 방송에서 주식시장이 활황임을 알릴 때다.

필자는 증권사 지점장 시절 '투자 금액은 얼마로 하실 생각이십니까?', '이 돈의 성격은 장기성 자금입니까? 아니면 단기성 자금입니까?', '이 돈의 차후 용도는 어떻게 됩니까?' 등등을 고객에게 물어보았다. 많은 고객이 대답을 얼

버무렸다. 경험상 이런 고객들은 대부분 손실을 보았다. 이분들의 생각은 주식시장이 활황장세임을 틈 타 잠깐 발을 담갔다가 먹고 튀겠다는 생각이지만 주식시장은 그렇게 호락호락한 곳이 아니다. 몇 번은 수익을 낼 수 있겠지만 그것은 운이라고 봐야 한다. 시장이 다시 하락세로 돌아서면 결국 손실을 본다. 주식 투자는 재산을 증식하는 수단이다. 긴 시간을 두고 계속 함께 가야 하는 친구 같은 사이다. 주식시장이 활황일 때만 잠깐 들어와 수익을 챙겨 금방 빠져나가려 하다가는 오히려 늪에 빠져들 수 있다.

주식으로 가장 크게 수익을 올릴 수 있는 방법은 글로벌 경쟁력을 갖춘 초우량 주식을 장기간 보유하는 것이다. 이런 주식은 처음에 매수할 때부터 장기 보유주라고 생각해서 수익률에 신경 쓰지 말고 계속 보유해야 한다.

즐기면서 투자해라

주식 투자를 여유로운 마음으로 즐기면서 하라고 하면, 무슨 뚱딴지같은 소리를 하느냐고 비난할지도 모르겠다. 하지만 여유로운 마음으로 즐기면서 하는 투자자와 조급한 마음으로 전쟁을 치르듯 하는 투자자를 보면 항상 전자가 훨씬 더 좋은 결과를 보여 주었다.

즐기면서 투자하는 사람은 계좌에 돈이 있어도 다음 기회를 생각하며 차분히 가지고 있다. 반면 조급한 사람은 계좌에 돈이 있는 것을 참지 못한다. 지난번에 손해 본 것을 빨리 만회하려는 마음으로 서두른다. 일단 심리전에서 밀리기 때문에 승률이 낮다. 즐기는 마음으로 주식시장을 바라본다면 큰 흐름을 읽어 내기 쉽고 시세가 급락하더라도 마음이 바쁘지 않다. 조급한 사람은 주가가 조금만 하락하면 지레 겁을 먹고 매도하곤 한다. 이런 우를 범하지 않으려면 느긋한 마음으로 즐기면서 하는 게 최고다.

조급한 마음은 주식시장을 좁게 보도록 만들고, 즐기는 마음은 주식시장을 넓게 보게 해준다.

주식시장은 오늘 하루만 열리는 것이 아니고 올해만 열리는 것도 아니다. 우리의 삶이 다하는 그날까지 주식시장은 계속 돌아갈 것이다. 조급하게 생각할 필요가 전혀 없다. 우행호시(牛行虎視)하는 마음이 필요하다. 호랑이의 눈같이 예리하게 바라보고 생각하되, 행동은 즐기면서 느리게 하는 투자가 필요하다.

주도주를 잡아라

증시 속담에 '달리는 말에 올라타라'는 말이 있다. 이 말은 주도주를 잡으라는 뜻이다. 경험적으로 보았을 때, 주도주에 투자하는 편이 조금이라도 더 나은 수익을 올릴 수 있었다.

일반적으로 주도주는 해당 업종에서 상위 2~3개 종목 중에서 나타난다. 이러한 종목들은 해당 업종에서 선두권에 있으며, 주력 품목이 시장점유율 1위인 경우가 대부분이다. 자기자본 이익률이 높고 순이익 증가율도 높다.

주도주를 파악하려면 먼저 업종별 상승률을 비교한다. 종합주가지수 상승률과 비교해서 가장 높은 상승률을 보여 주는 업종이 주도 업종이다. 그리고 주도 업종 중에서 주가상승률이 가장 높은 종목이 주도주다. 반면 소외주는 가장 낮은 주가상승률을 보이는 업종과 종목이다.

주식을 즐기면서 하는 사람이 주도주를 찾으려고 애쓰고 있을 때, 조급한 사람은 소외주 중에서 낙폭과대 종목을 찾는다. 낙폭이 컸기 때문에 다시 오른다면 큰 폭의 수익을 올릴 수 있다는 기대 섞인 희망을 하면서 이런 방식을 고수한다. 하지만 낙폭이 큰 종목은 대부분 피치 못할 사정으로 주가가 폭락한 것이다. 폭락한 종목이 내가 샀다고 해서 다시 오를 리는 만무하다.

업종 대표 우량주를 사라

필자는 지점장 시절 많은 고객과 상담했다.

"사모님, 우량주를 사드릴까요? 부실주를 사드릴까요?" 하고 물으면 열이면 열 모두 우량주를 사달라고 한다. 이때 다시 "A주식은 지금 10만 원이고 B주식은 1000원인데 어느 주식을 사드릴까요?"라고 물으면 열에 일곱, 여덟은 1000원짜리 주식을 사달라고 한다.

주가로 판단하건데 A주식은 우량주이고 B주식은 부실주다. 분명히 우량주를 사달라고 했던 사람이 주가를 보고 나면 부실주를 사달라고 한다. 10만 원의 주가가 비싸게 느껴지고 1000원의 주가가 싸게 느껴지기 때문이다. 하지만 10만 원의 주가가 15만 원 갈 때 1000원의 주가는 500원 간다. 이러면 10

만 원의 주가는 비싼 것이 아니고 싼 것이고 1000원의 주가는 싼 것이 아니라 비싼 것이다.

우리나라 주식시장이 외국인 투자자에게 개방되기 전까지는 우량주와 부실주의 개념이 별로 없었다. 업종별 장세였다. 식품주가 오르면 식품주에 속해 있는 종목이 모두 오르고 증권주가 오르면 증권주에 속해 있는 종목이 모두 올랐다. 리스사 주식이 오르자 아무 관련도 없는, 화장품을 만드는 피어리스가 이름에 리스가 붙어 있다는 이유로 오르기도 했다. 자동차 업종이 오르면 기아차, 아시아차, 현대차, 쌍용차 등이 함께 오르는 것이 통례였다. 하지만 외국인 투자자가 블루칩 장세를 주도하면서 현대차는 오르는데 쌍용차는 빠지는 개별 장세가 시작됐다. 그리고 지금은 이런 움직임이 확실히 자리를 잡았다.

업종 대표주

우리나라에서 라면 가격을 주도적으로 올리는 회사는 '농심'이다. 농심이 라면 가격을 올리면 나머지 회사도 몇 개월 뒤에 따라서 가격을 올린다. 이것은 농심이 충성 고객을 가장 많이 확보하고 있고, 가격 결정권을 쥐고 있기 때문이다. 만약 농심이 아닌 다른 기업이 먼저 라면 가격을 올렸다가는 심각한 시장점유율 하락을 겪을 것이다. 그리고 이렇게 한번 떨어진 시장점유율은 다시 올리기 힘들다. 이런 점을 잘 알고 있기 때문에 동종 업계에서는 농심이 가격 움직임이 보이면 그제야 서서히 움직이기 시작한다. 이렇게 업종을 대표하는 주식은 외부 환경의 변화에 발 빠르게 대응할 수 있는 특징이 있으며, 이러한 특징은 기업의 안정성에 크게 기여한다.

업종 대표 우량주는 블루칩 주식이다.

블루칩 주식이란 재무구조가 건실하고 경기변동에도 강한 대형 우량주를 일컫는다. 안정성, 수익성, 성장성에서 다른 종목들에 비해 월등히 높게 평가받는 주식이다. 이런 종목들은 오랜 기간 안정적으로 이익을 창출하고 배당을 지급해 왔기 때문에 비교적 고가주가 됐으며, 동일 업종 내에서 시장점유율도 높은 업종 대표주다. 이보다 약간 못 미치는 것을 옐로우칩이라고 한다.

고가주를 사라

고가주와 저가주에 대한 기준은 사실 명확하지 않다. 일반적으로는 그냥 막연하게 주가가 높으면 고가주, 주가가 낮으면 저가주라고 표현한다. 대체로 액면가의 20배 이상을 고가주라고 표현하고, 액면가 미만을 저가주라고 표현하는 것이 관례다.

고가주와 저가주를 판단할 때 주의해서 봐야 할 기준은 액면가라고 하는 것이다. 예를 들어 현대자동차가 20만 원이고 제일기획이 2만 원이라고 하자. 얼핏 보면 현대자동차가 제일기획보다 주가가 더 높아 보인다. 하지만 현대자동차의 액면가는 5000원이고 제일기획은 200원이다. 제일기획 주가를 5000원 기준으로 보면 2만 원이 아니라 50만 원이다. 따라서 제일기획 주가가 현대자동차 주가보다 더 높다.

고가주는 기본적으로 내재 가치가 우수하다. 모두 그 내재 가치를 인정해 주기 때문에 높은 주가를 유지할 수 있다. 또한 초우량 기업이기도 하다.

주식 투자를 하면서 가장 힘들 때는 내가 산 주식이 하락할 때다. 이때는 많은 고민에 휩싸인다. 손절매를 해야 하는지, 아니면 일시적인 하락으로 보고 버텨야 하는지에 대한 고민부터 시작된다. 그리고 어디까지 하락할 것인지 예측도 해본다. 현재까지의 손실금을 계산해 보면 속이 답답하다. 가장 결정적인 고민은 '이 주식이 이러다가 부도라도 나면 어떡하지?' 하는 것이다. 만일 부도가 나면 그동안 버틴 것도 모두 허사가 돼 버린다.

하지만 고가주를 산 사람은 최소한 부도의 공포에서는 벗어날 수 있다. 그래서 손절매를 않고 버틸 수 있는 마음의 여유가 있다.

신고가와 신저가

어느 기업의 주가가 사상 최고치를 기록했다는 것은 새로운 역사의 시작을 의미한다. 신고가를 갱신했다는 것은 그만한 이유가 있기 때문이다. 신규 사업 진출이나 신규 제품 출시가 성공적으로 이루어졌다는 이야기다. 아울러 업황 회복이 가시적인 실적 개선으로 이어졌다거나, 지배 구조 개선이 이루어진 이유들일 것이다.

일반 투자자는 어떤 종목의 주가가 신고가를 기록하면 그때부터는 철저히 관객으로 전락한다. 하지만 기관 투자자는 신고가를 기록한 주식을 보면 '아!

이제 이 주식은 올라가더라도 더 이상 나올 매물이 없구나' 하고 생각해서 편입 비중을 확대한다.

신저가 종목에 대해서는 일반 투자자는 '야, 이 주식이 이 가격까지 하락을 했구나. 이렇게 싼데 매수해도 되겠지?' 하고 매수에 가담한다. 하지만 기관 투자자는 '이 주식이 제대로 상승하려면 첩첩이 쌓인 매물을 뚫고 올라가야만 가능하구나' 하며 부정적으로 생각하고 편입 비중을 줄인다.

어떤 회사의 주가가 신고가를 기록하는 데는 분명 그만한 이유가 있고, 신저가를 기록하는 데에도 그만한 이유가 있다. 이런 이유를 무시하고 그저 주가가 많이 올랐다는 이유로 매수를 두려워하고 많이 빠졌다는 이유만으로 매수에 가담한다면 투자 성과가 별로 좋지 못할 것이다.

배당 투자에 주목하라

주식 투자로 얻을 수 있는 이익에는 두 가지가 있다.

첫째는 기업에서 받는 '배당'이고, 둘째는 주가의 상승폭에 해당되는 '시세차익'이다. 배당이란 주주에게 회사 이익의 일정 부분을 나누어 주는 것이다. 대부분 1년에 한 번 지급하지만 회사에 따라 1년에 두 번 주는 경우도 있고 분기마다 주는 경우도 있다. 물론 실적이 좋지 않아 못 주는 경우도 있다. 대부분의 회사가 결산기가 끝나고 주주총회에서 배당률을 결정하고 지급한다.

오랜 기간 동안 배당을 꾸준히 해온 회사는 순이익이 꾸준해서 현금 창출 능력에 문제가 없고 현금 흐름에도 여유가 있다는 공통점이 있다.

배당의 중요성은 저금리 시대가 되면서 새롭게 부각됐다. 배당수익률이 높은 기업의 주식을 사면 1년 정기예금 이자보다 더 높은 배당금을 받을 수 있다. 주가가 올라가면 시세 차익을 얻을 수 있어서 좋고, 설령 주가가 올라가지 않더라도 배당금을 지급받을 수 있어 좋다.

어느 특정 종목이 어느 특정한 해에 고율의 배당을 했다고 해서 다음 해에도 똑같이 배당하리란 보장은 없다. 꾸준한 배당 수익이 목적인 배당 투자에 나설 때는 기업의 배당 성향을 살펴봐야 한다. 배당에 후한 회사는 일시적으로 영업 실적이 부진해도 배당률을 낮추지 않는다. 반면 배당에 인색한 회사는 순이익이 많이 나더라도 여전히 인색하다.

높은 배당 성향을 유지하는 회사의 장점은 주가에 하방경직성이 존재한다는 것이다. 액면가가 5000원인 어느 회사의 주가가 4만 원이고, 배당률은 20퍼센트 수준을 유지한다고 하자. 이때 기대되는 배당수익은 액면가 5000원의 20퍼센트 수준인 1000원이고, 배당수익률은 2.5퍼센트가 된다. 이 경우 주식을 보유하는 것만으로도 1년에 2.5퍼센트의 정기예금 이자를 받는 것과 같은 효과가 있다.

만일 주가가 하락해서 3만 원이 되면 배당수익률은 1000원÷3만 원 = 3.3퍼센트로 늘어난다. 이런 재료가 있기 때문에 주가가 하락하려고 하면 신규 매수세가 유입돼 주가의 하방을 받쳐 준다. 높은 배당 성향이 방어벽 역할을 해 하방경직성을 가져온 것이다.

배당 투자 용어 설명

배당부 주가란 배당받을 수 있는 마지막 날 주가다. 다음 날이 되면 이론적으로 주가는 배당 금액만큼 하락하게 되는데 이를 배당락 주가라 한다. 작년에 500원의 배당을 했다면 배당락 주가는 배당부 주가에서 500원만큼 하락해서 나타난다. 납회일이 12월 30일이라면 12월 29일 배당락이 발생한다.

배당 성향은 당기순이익에서 얼마만큼의 배당을 주느냐 하는 것이다. 배당액이 30억 원이고 당기순이익이 100억 원이라면 배당 성향은 30퍼센트다.

배당수익률은 배당금을 배당부 주가로 나눈 것이다. 배당금이 1000원이고 배당부 주가가 2만 원이면 배당수익률은 5퍼센트다.

배당률은 배당금을 액면가로 나눈 것이다. 배당금이 1000원이고 액면가가 5000원이면 배당률은 20퍼센트다.

외국인 선호주를 사라

외국인 투자자가 국내 주식을 선정하는 기준은 글로벌 경쟁력이다. 외국인의 시각에서 볼 때 우리나라의 주식시장은 전 세계 수많은 주식시장 중 하나일 뿐이다. 따라서 실적 등 모든 측면에서 글로벌 기업 반열에 오른 기업만 관심 대상에 둔다.

이건 입장을 바꿔 놓고 생각해 보아도 쉽게 이해가 간다. 우리가 일본의 주식시장에 투자한다면 어느 종목에 투자할까? 토요타자동차나 소니같이 우리 귀에 익은 유명한 종목을 선택할 것이다. 우리 귀에 익을 정도면 글로벌 경쟁력을 갖춘 기업일테고 매출액이나 순이익도 일정 규모 이상일 것이다.

우리나라 주식시장의 외국인 보유 비중은 2020년 12월 30일 기준으로 32.2

퍼센트를 기록하고 있다. 하지만 아직도 외국인이 단 한 주도 가지고 있지 않은 회사가 부지기수다. 이에 비해 글로벌 경쟁력이 있는 삼성전자는 외국인 지분율이 55.7퍼센트에 달한다. 삼성전자 주주의 44퍼센트는 우리나라 사람이고 56퍼센트는 외국인이란 말이다. 어떻게 보면 삼성전자는 우리나라 사람의 주식이 아니라 외국인의 주식이라고도 할 수 있다.

외국인들의 투자 행태는 대체적으로 '우량주〉비우량주, 대형주〉중소형주, 수출주〉내수주, 경기민감주〉경기둔감주'의 모습을 띤다.

외국인 투자자는 미국의 특정 업종이나 종목이 상승세를 보이면 우리나라에서도 비슷한 업종이나 종목에 투자하는 경향이 있다. 이 점에 착안해 우리나라의 반도체 주식에 투자할 때는 미국의 필라델피아반도체지수를 참고하는 것도 투자의 한 방법이다.

일반 투자자가 주식시장에서 거래되는 전체 종목 중에 가치 있는 종목을 찾기란 쉽지 않다. 여기서 외국인 투자자의 도움을 받아보자. 우리보다 더 뛰어난 투자 기법을 사용하는 외국인 투자자가 어느 종목을 많이 가지고 있는지 살펴보는 것이다.

외국인 투자자의 매매 수익

간혹 외국인들의 집중적인 매수에도 불구하고 오히려 주가가 하락하거나 횡보하는 경우가 있다. 이런 경우에는 별다른 하자가 없는 한 매수를 고려해봐도 좋을 것이다. 우리나라 주식시장의 3분의 1을 차지하고 있는 외국인들

순위	종목명	현재가	전일대비	등락률	거래량	외국인한도	보유주식수	주문가능수량	한도소진율
1	KT	24,000	▼ 200	0.83	2,422,653	127,944,785	114,378,553	13,566,232	89.40
2	LG생활건강우	718,000	▲ 12,000	1.70	11,327	2,099,697	1,763,984	335,713	84.01
3	동양생명	3,520	0	0	303,373	161,358,585	135,078,636	26,279,949	83.71
4	삼성전자우	73,600	▲ 1,400	1.94	4,325,286	822,886,700	674,267,741	148,618,959	81.94
5	남양유업우	140,000	▲ 3,000	2.19	617	166,662	133,839	32,823	80.31
6	한국기업평가	102,500	▼ 4,500	4.21	30,893	4,540,514	3,470,921	1,069,593	76.44
7	S-Oil	69,200	▲ 1,200	1.76	288,201	112,582,792	85,234,875	27,347,917	75.71
8	SNK	22,650	▲ 2,250	11.03	2,477,653	21,061,800	15,507,590	5,554,210	73.63
9	컬러레이	2,010	▲ 40	2.03	192,662	54,000,000	39,142,039	14,857,961	72.49
10	휴젤	187,800	▲ 1,800	0.97	81,627	12,670,135	9,180,045	3,490,090	72.45
11	락앤락	10,150	0	0	181,807	53,007,638	37,657,918	15,349,720	71.04
12	티씨케이	125,300	0	0	53,619	11,675,000	8,104,317	3,570,683	69.42
13	SK텔레콤	238,000	▲ 500	0.21	317,278	39,565,398	27,406,615	12,158,783	69.27
14	새론오토모티	6,180	▲ 30	0.49	23,563	19,200,000	13,099,590	6,100,410	68.23
15	고영	105,000	▲ 300	0.29	36,651	13,730,951	9,026,924	4,704,027	65.74
16	KB금융	43,400	0	0	2,027,550	415,807,920	271,620,813	144,187,107	65.32
17	하나금융지주	34,500	▲ 400	1.17	1,896,169	300,242,062	194,898,671	105,343,391	64.91
18	한국정보통신	9,070	▼ 30	0.33	22,927	37,444,271	24,138,779	13,305,492	64.47

외국인 한도 소진 상위 종목 (2020.12.30.)

이고, 장세를 이끌고 있는 것 또한 이들이라는 점에서 외국인의 매수세가 지속적으로 유입되면 지금 당장은 안 오르더라도 지나고 보면 오르는 경우가 많기 때문이다. 특히 외국인과 기관이 동시에 매수하는 종목이라면 어떤 호재가 전문 투자자에게 감지되었다는 것으로 해석할 수 있기 때문에 주가상승 확률이 매우 높다고 할 수 있다.

실제로 외국인이 많이 사고판 주식일수록 주가 상승률이 높다는 결과가 수치로 확인된 바 있다. 외국인들의 매매 비중이 30퍼센트가 넘은 종목의 평균 수익률은 종합주가지수 상승률보다 높게 나타났지만 외국인 매매 비중이 1퍼센트 미만인 종목의 상승률은 종합주가지수의 상승률에도 미치지 못했다.

분산 투자 하라

분산 투자는 위험을 분산하기 위해 종목을 나누어 투자하는 것을 말한다.

주식에 투자하면서 어떻게 하면 손실을 최소화하고, 이익은 극대화할 수 있을지에 대한 많은 연구가 이뤄져 왔다. 분산 투자는 이러한 오랜 기간의 연구 끝에 개발된 투자 방법이다.

주가가 크게 올라갈 것이라고 생각해 주식을 샀지만 예상하지 못한 악재로 주가가 하락하는 경우는 비일비재하다. 한 종목에 집중적으로 투자해 큰 수익이 발생했다는 것은 반대로 큰 손실이 발생할 수도 있다는 것을 의미한다. 분산 투자의 중요성은 그래서 부각된다.

분산 투자를 하려면 먼저 업종별 분류부터 해야 한다. 동일 업종에 속하는 종목으로만 포트폴리오를 구성한다면 이는 분산 투자가 아니고 집중 투자다.

분산 투자를 한답시고 삼성증권, 교보증권, 신영증권으로 포트폴리오를 구성한다면 세 종목 모두 금융 업종, 더군다나 증권 업종이기 때문에 적절한 포트폴리오라고 할 수 없다. 비슷한 이유로 연관성이 있는 업종으로 포트폴리오를 구성하는 것도 피해야 한다. 자동차 업종과 자동차부품 업종으로 포트폴리오를 구성하면 유사한 주가 움직임을 보여 분산 투자 효과가 크게 떨어진다. 제조업과 금융업 혹은 수출주와 내수주같이 서로 성격이 상이한 종목에 투자해야 분산 투자의 효과를 누릴 수 있다.

분산된 종목의 투자 비중도 고려해야 한다. 제조업에 투자한 종목 비율은 90퍼센트고 금융업에 투자한 종목 비율이 10퍼센트라면 제대로 분산 투자한 것이 아니다. 적어도 투자 종목 수에 합당한 투자 비율을 산정하는 것이 바람직하다. 세 종목을 선정했다면 30퍼센트 안팎으로, 네 종목을 선택했다면 25퍼센트 안팎, 5종목을 선택했다면 20퍼센트 안팎이 적당할 것이다.

대체제의 개념으로 접근

경제학에서는 대체재와 보완재라는 개념을 가르친다. 대체재는 하나를 사용하지 못 할 때 대신 사용할 수 있는 개념이다. 만년필의 대체재는 볼펜이고 커피의 대체재는 홍차다. 만년필의 수요가 줄어들면 볼펜의 수요가 늘어난다. 커피의 수요가 줄어들면 홍차의 수요는 늘어난다. 대체재는 하나가 오르면 하나가 내리고, 하나가 내리면 하나가 오르는 시소 같은 움직임을 보인다. 이에 비해 보완재는 하나의 소비가 늘어나면 다른 하나도 같이 늘어나는 것이다. 커피가 많이 팔리면 프림도 같이 많이 팔리고, 자동차가 많이 팔리면 휘발유의 소비도 늘어난다. 분산 투자의 개념은 보완재의 개념이 아니라 대체재의 개념으로 이해해야 한다.

몇 년 전부터 미국의 주식시장에 투자하고 있는 투자자가 많아졌다. 처음에는 '한국 주식도 어려운데 무슨 미국 주식까지 하느냐?' 하고 생각했지만 다시 생각해 보니 이것도 분산 투자라는 생각이 들었다.

ETF를 활용하라

ETF를 분산 투자로 활용할 수도 있다.

ETF(Exchange Traded Funds, 상장지수펀드)는 인덱스 펀드를 상장시켜 거래할 수 있도록 한 것이다. 인덱스 펀드는 펀드의 장점을 가지고 있지만 ETF는 개별 주식의 장점을 가지고 있다.

ETF는 환매 수수료를 받는 인덱스 펀드와 달리 환매가 자유롭다. 환매 수수료 때문에 '울며 겨자 먹기'로 인덱스 펀드를 유지하다가 오히려 손실을 보는 경우도 있다. ETF는 팔고 싶을 때 팔 수 있으므로 매매가 자유롭다.

ETF는 주식처럼 실시간으로 거래할 수 있어 인덱스 펀드의 단점을 보완해 주는 역할도 한다. 인덱스 펀드는 가입하거나 환매할 때 신청 시점의 가격이 아닌 D+1일 기준가(펀드 가입 시)나 D+2일 기준가(펀드 환매 시)로 거래가 이루어진다. 주식시장에 큰 호재가 나와 인덱스 펀드에 가입하면 그날 상승폭이 모두 반영된 그 다음날 기준가로 매입이 이루어진다. 당일 상승분에 대해서는 이익을 포기해야 하는 단점이 있다. 환매할 때도 마찬가지다. 큰 악재가 나와 환매를 신청하면 그날의 하락폭이 모두 반영된 기준가로 돈을 돌려받기 때문에 손실을 떠안아야 한다. ETF는 주문 내는 즉시 실시간으로 체결이 이루어지고 이익과 손실이 정산되기 때문에 인덱스 펀드에 비해 우월적인 지위를 누리고 있다.

ETF의 장점은 분산 투자를 가능하게 한다는 점이다. 코스피200을 추종하는 ETF는 우량한 200종목으로 구성되기 때문에 한두 종목의 실적이나 단기 재료에 민감하게 반응하지 않는다. 따라서 개별 주식에 대한 위험에서 벗어날 수 있다. 개별 주식에 투자하면 시장 전체의 위험에 개별 주가의 위험까지 부담이지만 ETF는 시장의 위험만 감수하면 된다. 심리적 요인에 의한 급등락으로부터도 자유로운 편이다.

종합지수 외에도 산업별, 그룹별, 해외 등 다양한 형태의 ETF가 존재한다. 자동차 ETF는 자동차 업종 지수와 같이 움직이고 일본 ETF는 일본 주가와 같이 움직인다.

08

분할 매매 하라

주식을 타이밍의 예술이라고 표현한다. 그만큼 타이밍이 중요하다는 이야기다. 똑같은 LG전자를 사고도 어떤 사람은 30퍼센트 수익이 났고, 또 어떤 사람은 20퍼센트 손실이 난다. 이것은 매수하는 타이밍이 달랐기 때문이다. 많은 사람들이 가장 싸게 주식을 사고 가장 비싸게 팔려고 많은 연구와 노력을 한다. 하지만 정확한 바닥과 꼭지는 알 수 없는 노릇이다. 바닥이라고 생각해서 주식을 샀는데 그 밑에 지하실이 있었다든지, 꼭대기라고 생각해서 팔았는데 헬리콥터를 타고 올라가 버리기도 한다. 그래서 전문가들은 욕심을 내지 말고 무릎에서 사서 어깨에서 팔라고 조언한다. 하지만 솔직히 무릎이 어디고 어깨가 어딘지를 모르기 때문에 이 또한 적절한 조언이 아니다. 그래서 나온 것이 바로 분할 매매 전략이다.

바닥이라고 생각해서 매수하더라도 한꺼번에 다 사지 말고 나누어 사라는 것이다. 그래서 혹 주가가 더 하락한다면 다시 한 번 바닥이라고 생각되는 지점에서 추가 매수를 하는 것이다. 이런 투자 방식은 주가가 올라갈 때는 수익이 나서 좋고, 주가가 하락하면 평균 매입 단가가 낮아져서 좋다.

예를 들어 현재의 주가가 3만 원이라면 3만 원에 3분의 1을 사고, 10퍼센트 하락하면 또 3분의 1을 사고, 또 10퍼센트 하락하면 3분의 1을 사는 방식이다. 투자자의 성향에 따라 처음에 10분의 2를 사고, 10퍼센트 하락하면 10분의 3을 사고, 또 10퍼센트가 하락하면 10분의 5를 사는 경우도 있다.

분할 매매 전략은 매도할 때도 똑같이 적용된다. 주가가 어느 수준까지 올랐다면 그 시점에서 일부분을 팔고, 다시 어느 정도 상승하면 다시 일부분을 팔고, 또 어느 정도 상승하면 또 다시 일부분을 파는 식이다. 이렇게 분할 매도를 하면 매도 단가가 분산돼 평균 매도 단가는 높아진다. 매도할 때의 비율은 3분의 1씩 할 수도 있고 20퍼센트, 30퍼센트, 50퍼센트씩으로 할 수도 있다.

주의해야 할 점은 분할 매수가 행여 물 타기로 전락해서는 안 된다는 것이다. 분할 매수라고 하는 것은 투자 가치가 높은 우량주가 일시적인 수급 불균형으로 주가가 하락했을 때 저가에 사는 행위다. 물 타기는 투자 가치가 없는 주식을 단순히 주가가 하락했다는 이유로 사는 것이다.

분할 매매 전략

분할 매수, 분할 매도 전략을 혼합하면 연속적인 분할 매매 전략도 구사할 수 있다.

처음에 투자 금액의 50퍼센트만큼 주식을 매수한다. 투자 규모는 주식 50퍼센트, 현금 50퍼센트가 된다. 주가가 10퍼센트 상승하면 주식을 10퍼센트만큼 판다. 이러면 주식 비중은 40퍼센트로 줄어들고 현금 비중은 60퍼센트로 늘어난다. 반대로 주가가 10퍼센트 하락하면 현금으로 주식을 10퍼센트 매수한다. 이러면 주식 비중은 60퍼센트로 늘어나고 현금 비중은 40퍼센트로 줄어든다. 이 절차를 계속 반복해 나간다.

이러면 최초 주식 매수 가격의 ±50퍼센트 수준에서 지속적으로 매수와 매도가 발생한다. 주가가 50퍼센트 이상 하락하면 100퍼센트 주식으로 가지게 되고 주가가 50퍼센트 이상 상승하면 100퍼센트 현금을 가지게 된다. 분할 매매 전략은 자연스럽게 주가가 고점일 때 현금 비중이 높아지고 주가가 저점일 때 주식 비중이 높아지는 장점이 있다.

역발상으로 투자하라

남들이 모두 좋다고 할 때가 사실은 꼭대기고 남들이 모두 나쁘다고 할 때가 사실은 바닥인 경우가 허다하다.

예를 한 번 들어보자. 주식시장이 폭등세면 신문의 머리기사는 "증시 활황", "연말지수 4000포인트 예상" 등 온갖 장밋빛 청사진으로 도배된다. 하지만 지나고 보면 대부분 이때가 꼭대기이다.

필자가 신입 사원이던 1989년, 종합주가지수가 사상 최초로 1000포인트를 돌파했다. 대부분의 증시 전문가들은 연말 지수를 1500~2000포인트로 예상했다. 당시에는 매일 주가 차트를 손으로 그릴 때였는데 1000포인트가 넘어가자 더 이상 그릴 수 없었다. 상단에 빈 공간이 없었기 때문이다. 회사에서는 부랴부랴 2000포인트까지 그릴 수 있는 차트를 새로 만들어서 배포했다. 하지만 1004포인트를 상투로 주가는 급락했다. 이번에는 하락하는 주가를 더 이상 그릴 공간이 없어 중간에 다시 차트를 바꾸는 해프닝이 있었다.

국제적인 악재가 터지면 언론에서는 "향후 국제경기 침체 예상", "장기불황 우려" 등 자극적인 기사들이 쏟아져 나온다. 오히려 이때가 바닥이다.

2020년 3월 코로나 사태로 주가가 폭락했다. 2200포인트였던 주가가 순식간에 1400포인트까지 하락했다. 이때 언론은 코로나 바이러스가 세계 경제에 미치는 악영향 탓에 주가는 상당 기간 하락할 것이라고 했다. 많은 전문가가 1000포인트 붕괴를 기정사실화했다. 하지만 결과는 그 반대였다. 1000포인트 붕괴는커녕 3000포인트를 돌파해 버렸다.

역발상 투자는 그런 것이다. 남들이 말하는 것을 듣고 한 번 더 거꾸로 생각해 보는 것이다. 가장 성공 확률이 높은 주식 투자 방법은 신문의 머리기사에 '증시 붕괴'라는 말이 나오면 샀다가 '증시폭발'이라는 말이 나오면 파는 것이라고 한다. 일리 있는 이야기라고 생각한다.

주식 투자에서 가장 큰 적은 탐욕과 공포다. 주가가 폭등할 때 적정 시점에서 팔지 못하는 것은 탐욕 때문이고 주가가 폭락할 때 기다리지 못하는 것은 공포 때문이다. 탐욕과 공포를 억제할 수 있다면 역발상 투자가 한층 더 빛을 발할 것이다.

무조건 반대는 아니다

역발상 투자는 무조건 남들과 반대로 가는게 아니다.

어느 기업이 부도가 나서 주가가 폭락하고 있다. 기존 주주는 주식을 팔지 못해서 난리다. 이럴 때 거꾸로 투자를 한답시고 매수하는 것은 역발상 투자가 아니라 무모한 투자다. 역발상 투자란 자신만의 판단과 견해를 가지고 남들과 다른 길로 가는 방법이다. '남들이 가지 않는 뒤안길에 꽃밭이 있다'라는 증시 격언이 있다. 모두가 다니는 길 대신 뒤안길을 가보는 것이 역발상 투자의 마음가짐이다.

매수 종목 발굴은 주변에서 찾아라

얼마 전 매일경제에서 아주 재미있는 기사를 보았다. 연령별, 성별로 2020년의 주식계좌 수익률을 비교한 기사였다. 어떤 표본으로, 어떤 기준으로 작성된 기사인지는 모르겠지만 나름 의미 있는 기사라고 보았다. 기사에 따르면 30대 여자의 수익률이 25.98%로 가장 높았으며 40대 여자의 수익률이 25.73%로 뒤를 이었다. 반면 30대 남자의 수익률은 11.29%에 불과했으며 20대 남자의 수익률은 3.81%에 불과했다.

필자가 이 기사에 관심을 가진 이유는 실제로 여성들이 주변에 관심이 많기 때문이다.

백화점에 가서 물건을 살 때 남자들과 여자들의 행태가 다르다고 한다. 남자는 사고자 하는 물건을 사기 위해 직진하지만 여자는 이것저것 다 구경하면서 꼬불꼬불 다닌다고 한다. 정말 그런지 아내와 백화점에 갈 때 아내의 행동을 유심히 지켜보았더니 진짜 그랬다. 아내는 식기세척기를 사기 위해서 백화점에 왔지만 가는 길목마다 놓인 상품들을 유심히 하나씩 둘씩 다 지켜보았다. 바로 그런 것들이 누적이 되어 여자의 정보량은 남자보다 뛰어나고 그래서 여자의 주식 수익률이 남자보다 높은 것 같다.

남자는 재무제표를 분석하고 차트를 분석해서 삼성전자를 사고팔지만 여자는 삼성전자의 냉장고 디자인이 예뻐서 삼성전자 주식을 산다고 한다. 결과적으로 여자는 돈을 많이 벌었는데 남자는 여자보다 돈을 많이 못 벌었다는 이야기는 꽤 알려진 이야기다.

주식을 매수하려고 할 때는 내 주변을 둘러보자. 고개를 돌리면 많은 회사의 제품이 눈에 띌 것이다. 지금 사용하고 있는 제습기는 '위닉스'에서 만든 것이고, 지금 쓰고 있는 볼펜은 '모나미'에서 만든 것이다. 그리고 지금 입고 있는 내의는 '쌍방울'에서 만든 것이고, 오늘 아침 먹었던 음식은 '이마트'에서 배송온 것이다. 내 핸드폰은 '삼성전자'에서 만들었고 우리 집 냉장고 디오스는 'LG전자'에서 만들었다.

아주 오래 전 필자는 두부 심부름을 간 적이 있었다. 아무 생각 없이 두부를 한 모 사왔더니 아내는 아무 두부나 사오지 말고 '풀무원' 두부를 사오라고 했다. 왜 그러냐고 물어보았더니 판 두부는 미국 콩으로 만들지만 풀무원 두부는 한국 콩으로 만든다고 했다. 주부들이 판 두부보다 풀무원 두부를 선호하면 풀무원의 매출도 늘어나고 주가도 오를 것 같았다. 고객 분들에게 풀무원을 추천해 드렸고 실제로 풀무원 주가도 올랐다.

두어해 전에는 '테라'라는 맥주를 마셨다. 내 입에 맞았다. 그리고 술자리에 갔더니 같이 마시는 사람들도 모두 테라를 찾았다. 참이슬과 같이 주문해서 테슬라를 만들어 마시기도 했다. 이후 테라 주가를 유심히 지켜보았더니 역시 큰 폭으로 상승했다.

이렇듯 종목 발굴은 내가 잘 모르는 주식을 무리해서 하지 말고 잘 아는 주식 중에서 고르는 것이 좋다. 본인이 자동차에 관심이 많으면 자동차나 자동차부품주 중에서 고르면 좋을 것이고 본인이 미디어에 관심이 많으면 그쪽 주식에 관심을 가지면 좋을 것이다. 게임을 좋아하는 젊은이라면 게임 관련 주식도 검토 대상이 될 수 있을 것이다.

일상생활에서 얻은 정보

일상생활에서 얻은 정보를 매매에 활용할 수도 있다. 이 예는 필자가 다른 책에서도 한번 소개한 적이 있는 내용이다.

2015년 7월의 일이었다. 필자의 페이스북에 비슷한 글들이 연이어 올라왔다. 주말에 〈암살〉이라는 영화를 본 페이스북 친구들의 글이었다. 모두 하나같이 '재미있다', '잘 만들었다'는 칭찬 일색이었다. 영화가 이렇게 재미있으면 배급사도 크게 이익을 볼 것이라고 판단했다. 배급사를 살펴보았더니 쇼박스였다. 아침 동시 호가 시간에 9500원으로 전날보다 1000원 가량 높게 주문

주문번호	종목코드	매매유형	시장구분	주문수량	체결수량	체결수량합	정정/취소	신용구분	채널구분
원주문번호	종목명	호가유형	정규시간외구분	주문단가	체결가격	미체결잔량	주문상태	대출일자	주문거부사유
4944	A086980	매수	코스닥	1,000	1,000	1,000			SMART K(안드
	쇼박스	지정가	정규장	9,500	9,000	0	정상주문		
6248	A086980	매도	코스닥	1,000	1,000	1,000			SMART K(안드
	쇼박스	지정가	정규장	9,990	9,990	0	정상주문		

당시 주문체결 내역

냈다. 전일 종가는 8,580원이었지만 체결되도록 높게 주문을 낸 것이다. 어차피 동시 호가 시간이기 때문에 동시 호가 가격으로 체결될 터였다. 9000원에 체결되었다. 장기 보유를 하기는 부담스러웠다. 적자 기업이었기 때문이다. 바로 9990원에 매도 주문을 내놓았다. 1만 원은 만 원대 가격이고 9990원은 천 원대 가격이다. 단위가 달라지면 아무래도 매수하는 입장에서는 부담스러울 수 있다. 그래서 10원을 낮춘 9990원에 매도 주문을 낸 것이다. 9시 38분, 9990원에 팔렸다. 38분 만에 11퍼센트의 수익을 올렸다.

가치 투자는 기업의 가치를 분석해 주가가 그보다 낮은 수준일 때 매수하는 것이다. 이때 중요한 것은 충분히 우량한 주식을 사야 한다는 것과 낮은 가격에 사야 한다는 것, 그리고 적정한 가격으로 올라갈 때까지 기다려야 한다는 것이다.

chapter 4

기본적 분석,
왜 알아야 하는가

주가의 기본적 분석

주가를 분석하는 방법으로 기본적 분석과 기술적 분석이 있다.

기본적 분석이란 기업의 내재 가치를 분석해 미래의 주가를 예측하는 방법이다. 주가는 장기적으로 기업의 내재 가치를 반영한다. 내재 가치가 높은 주식은 결국 상승하고 내재 가치가 낮은 주식은 결국 하락한다.

시장에서 형성되는 주가는 기업의 내재 가치로 회귀하므로 내재 가치에 비해 저평가된 주식은 매수하고 고평가된 주식은 매도함으로써 수익을 내는 방법이다.

기업의 내재 가치는 경기, 산업 동향, 재무제표의 영향을 받는다. 이 중 가장 중요한 것은 재무제표다. 재무제표를 분석함으로써 기업의 안정성, 수익성, 성장성 등을 파악할 수 있다.

주가가 높다고 하는 것은 안정성이 있고 수익도 많이 내며 성장성이 있다는 뜻이다. 안정성과 성장성과 수익성을 겸비한 종목을 매수해야 한다. 이런 종목은 주가가 잠시 하락하더라도 다시 회복되기 때문에 마음 편하게 투자할 수 있다. 자산 가치가 뛰어난 기업 중에서 성장성이 담보하는 경우도 있다. 이러면 기업은 자산 가치를 활용하여 새로운 사업 영역을 개척하는 경우가 많기 때문에 혹 성장성이 뛰어나지 못하더라도 선택할 수 있다. 주가가 낮다고 하는 것은 안정성에 문제가 있어 부도 위험이 있든지, 수익성에 문제가 있어서 적자 기업이든지, 성장성에 문제가 있는 사양 산업이든지 하는 세 가지 중의 하나, 혹은 둘, 혹은 셋 모두에 해당되는 것이다. 이런 종목을 사서 수익을 기대하기란 힘들다.

주가에 영향을 미치는 요인

주가는 안정성과 수익성, 성장성이라는 세 가지 측면이 어우러져서 나타나는 수치다.

주가에 가장 큰 영향을 미치는 것은 안정성이다. 주식을 사서 주가가 약간 하락하는 것은 누구나 감내할 수 있다. 좋은 주식은 가지고 있으면 올라갈 것이라는 믿음이 있기 때문이다. 하지만 내가 보유하고 있는 주식이 부도가 난다면 이는 회복할 수 없다. 주식은 부도가 나지 않을 안정성은 최소한 가지고 있어야 한다.

안정성 다음에는 수익성이다. 기업이 수익을 내야 주주에게 배당을 줄 수 있다. 재투자에도 나설 수 있고 비관련 다각화에도 눈길을 돌릴 수 있다. 수익을 내지 못하는 기업은 배당도 못 주고 투자도 못 한다. 그 결과 기업의 사세는 점점 위축되고 적자는 계속 누적된다. 결국 적자 규모가 자본금을 능가한다. 자본 잠식 상태가 되면 퇴출의 길을 밟는다. 적자 기업은 투자를 피해야 할 대표적인 기업이다. 특히 만성 적자 기업은 더욱 그렇다.

마지막으로 성장성이다. 기업의 매출액과 순이익이 점점 늘어나는 성장세를 보여야 기업이 발전한다. 그렇지 않으면 기업의 규모는 점점 줄어들게 되고 급기야는 사양 산업, 사양 기업의 불명예를 안게 될 것이다.

주식의 안정성

투자 종목을 선택할 때 가장 염두에 둬야 할 부분은 '안정성'이다. 안정성이 있다고 하는 것은 부채를 상환하는 데 무리가 없다는 뜻이다. 안정성이 담보되어야 갑자기 찾아오는 위기 상황을 무사히 넘길 수 있다. 안정성이 담보된 주식은 비록 단기간에는 실적이 부진해 주가가 하락하더라도 시간이 흐르면 하락 폭이 진정되고 실적이 개선됨에 따라 다시 주가가 상승 곡선을 그린다.

안정성이 있는 주식을 선택할 때는 부채 비율이 낮으며, 차입금 의존도가 낮은 종목 중에서 선택해야 한다. 가급적 자본금의 규모가 일정 수준 이상 되는 종목 중에서 선택한다. 자본금이 많다고 안전하고 자본금이 적다고 안전하지 않은 것은 아니다. 자본금이 적어도 안정성을 확보한 주식이 많다. 하지만 자본금이 아주 적으면 조그만 충격에도 흔들릴 수 있다.

업종 대표 종목도 안정성이 부각된 종목이다. 업종을 대표하는 종목은 2등 이하의 주식에 비해 안정성 면에서 큰 차이를 보이며 외부 환경의 변화에도 발 빠르게 대응할 수 있다.

안정성 지표

기업의 안전성을 파악하는 지표로는 유동비율, 부채비율, 차입금의존도 등이 있다.

유동비율은 유동자산을 유동부채로 나눈 값이다. 유동자산은 1년 이내 현금으로 바꿀 수 있는 자산이고 유동부채는 1년 이내 갚아야 할 부채다. 유동비율이 1 이하라고 하는 것은 유동자산보다 유동부채가 많다는 이야기다. 즉, 1년 이내에 현금으로 바꿀 수 있는 돈보다 갚아야 할 돈이 더 많으니 부채를 제대로 상환하지 못한다. 반면 1 이상인 경우는 부채를 상환하는 데 큰 문제가 없다. 유동비율이 높으면 높을수록 기업의 자금 사정은 유연할 것이다.

부채비율은 타인자본을 자기자본으로 나눈 것이다. 부채비율이 1 이상인 경우는 타인자본이 자기자본보다 많다는 것이고 부채비율이 1 이하인 경우는 타인자본보다 자기자본이 많다는 것이다. 타인자본이 많다는 것은 그만큼 이자 비용이 크다는 것을 의미한다. 외환위기 때 무너진 많은 기업의 공통점은 모두 부채비율이 높았다는 것이다. 진로그룹의 부채비율은 4167퍼센트였으며 한보그룹의 부채비율은 2066퍼센트였다. 현대차에 인수된 기아차의 부채비율은 521퍼센트였다. 그러다 보니 위기 상황이 왔을 때 제대로 대응하지 못하고 무너졌다.

모든 기업을 일률적인 잣대로 놓고 평가할 수는 없다. 업종별로 차이가 크기 때문이다. 부채비율이 높은지, 낮은지를 평가할 때는 기업이 속한 업종의 평균 부채비율과 비교해 봐야 한다.

차입금 의존도는 차입금을 총자산으로 나눈 것이다. 차입금에 많이 의존하면 당연히 경기 상황이 좋지 않을 때 흔들리기 쉽다.

영업이익 대비 이자보상배율은 영업이익을 이자비용으로 나눈 것이다. 이 숫자가 1이하라면 영업이익으로 이자비용도 충당하지 못한다는 이야기다. 문제가 많다. 상식적으로 생각해서 영업이익으로 이자비용도 충당하지 못하는 기업은 오래 버틸 수 없다.

이 외에 신용등급과 유보율도 살펴보아야 한다.

유동비율 = 유동자산÷유동부채
부채비율 = 타인자본÷자기자본
차입금의존도 = 차입금÷총자산
영업이익대비 이자보상배율 = 영업이익÷이자비용

주식의 수익성

기업이란 이윤을 추구하는 집단이고 기업의 존재 가치는 수익 창출에 있다. 따라서 기업을 평가할 때 어느 정도의 수익이 발생하는지, 수익의 질은 어떠한지, 수익의 영속성은 어떻게 되는지 파악하는 것이 매우 중요하다. 수익성을 따질 때는 수익의 규모와 질, 그리고 그 증가에 관한 것을 살펴본다.

수익성이 중요한 이유는 수익이 있어야 기업 가치를 높이는 데 필요한 투자를 할 수 있고, 주주에게 배당도 줄 수 있기 때문이다. 적자 기업은 공장을 짓고 생산 라인을 늘리는 것에 소홀할 수밖에 없다. 오늘날과 같이 경쟁이 치열한 시대에 기술투자에 소홀한 회사는 살아남기 힘들다. 결국 만성적자 기업으로 전락하게 된다.

배당을 하지 못하면 투자자로부터 외면받게 되고 이는 곧 주가 하락으로 이어진다. 주가 하락은 유상증자를 통한 자금을 조달할 때도 불이익으로 작용한다.

수익성을 따질 때는 순이익보다 영업이익이 더 중요하다. 영업이익은 적자인데 특별이익으로 흑자가 난 경우가 있기 때문이다. 반대로 영업이익은 플러스인데 특별손실로 적자가 난 경우도 있다. 이때는 어떠한 연유로 특별손실이 났는지 파악할 필요가 있다.

수익성 지표

수익성에서는 'ROE(Return On Equity, 자기자본순이익률)'가 가장 기본적으로 검토되는 수치다. ROE는 순이익을 자기자본으로 나눈 값으로, 주주 입장에서는 자기자본에 대한 투자 효율성을 평가하는 지표로 활용된다. ROE는 높을수록 좋다. 은행 이자보다 낮은 숫자가 나온다면 좋은 기업이라고 할 수 없다. 참고로 삼성전자의 ROE는 8.7퍼센트다. 삼성전자는 자기자본으로 8,7퍼센트의 순이익을 거두었다. 시중은행의 평균 1년 정기예금이 0.8퍼센트 정도니까 은행 금리보다 10배를 더 벌어들인 셈이다.

매출액영업이익률은 영업이익을 매출액으로 나눈 값이다. 매출액에 비해 얼마나 이익을 많이 남기느냐를 알 수 있다. 매출액에 비해 이익의 규모가 작다면 수익성은 낮게 평가받는다. 매출액순이익률은 순이익을 매출액으로 나눈 값이다.

총자산순이익률(ROA, Return On Assets)은 당기순이익을 총자산으로 나눈 값이다. 당기순이익이 총자산에 비해 어느 정도 비율인지 보는 수치다. 이 수치가 높으면 자산을 효율적으로 잘 활용한 것이고 이 수치가 낮다면 자산을 효율적으로 잘 활용하지 못했다는 것이다.

또 하나의 지표는 금융비용부담률이다. 금융비용부담률은 금융 비용을 매출액으로 나눈 값이다. 금융비용부담률이 5퍼센트라고 하면 매출액의 5퍼센트만큼 금융 비용을 부담했다는 뜻이다. 이 수치가 클수록 부도 위험이 높다. 필자의 기억으로 지금까지 부도난 기업의 거의 대부분이 금융비용부담률이 높았다.

자기자본순이익률(ROE) = 당기순이익÷자기자본

매출액영업이익률 = 영업이익÷매출액

매출액순이익률 = 당기순이익÷매출액

총자산순이익률(ROA) = 당기순이익÷총자산

금융비용부담률 = 금융 비용÷매출액

주식의 성장성

일정 기간 동안 경영 규모 및 성과가 향상된 정도로 그 기업의 성장성을 파악할 수 있다. 성장성은 일반적으로 매출액·총자산·순이익의 증가율로 나타난다. 기업의 성장성을 분석하는 이유는 성장 잠재력, 미래의 수익 발생 능력, 이익 실현의 확실성, 시장에서의 경제적 위치 등을 파악할 수 있기 때문이다. 또한 투자자 입장에서는 시세 차익의 가능성을 엿볼 수 있는 자료가 된다.

주가의 형성 과정에서 안정성과 수익성은 현재의 주가에 큰 영향을 미치고, 성장성은 미래의 주가에 큰 영향을 미친다. 안정성과 수익성을 겸비한 주가는 완만한 상승세를 보이는 경우가 많고 성장성이 돋보이는 회사는 급격한 상승세를 실현하는 경우가 많다. 기업의 성장성을 극명하게 보여 주는 예가 있다.

1989년 상장된 SK텔레콤의 예를 들어 보자. 당시는 핸드폰보다 카폰이나 무선호출기가 더 유행할 때였다. 이후 핸드폰이 급격히 보급되면서 SK텔레콤의 주가도 급격히 상승했다.

1989년 2200원이던 주가가 2000년에는 50만 원으로 상승했다. 약 230배 상승이다. 1989년에 200만 원으로 핸드폰을 사지 않고 SK텔레콤 주식을 샀다면 2000년에 4억6000만 원을 챙길 수 있었을 것이다. 이후 핸드폰 시장이 포화되면서 성장은 둔화되었다. 주가는 더 이상 올라가지 못하고 2021년 1월 현재 20만 원대를 기록하고 있다.

성장성을 파악할 수 있는 지표들

성장성을 파악할 수 있는 지표 중 가장 중요한 것은 매출액증가율이다. 매출액증가율은 작년보다 얼마나 매출이 증가했는지 보여준다. 매출액이 늘어나야 순이익도 늘어날 것이고 기업의 외형도 같이 커진다. 총자산증가율은 외형 규모의 성장세를 알아보는 지표가 되며 순이익증가율은 총괄적인 경영 성과를 알고자 할 때 주로 살펴본다.

성장성 지표들을 볼 때 유의해야 할 사항은 1년간의 성장률만으로 판단해서는 안 된다는 것이다. 매출액·경상이익·순이익의 증가율이 최근 몇 년에 걸쳐 지속적으로 상승했다면 훌륭한 기업이다. 하지만 재작년에 저조하고 작년에 다시 좋아지는 경우는 시계열적 추이를 검토해 보아야 한다.

매출액증가율과 순이익증가율은 같이 검토한다. 매출액증가율을 통해 시장 환경이 감안된 외형상의 신장률을 체크하고, 순이익증가율을 통해 비용통제의 효율성을 감안한 내실 경영의 정도를 살펴보는 것이다.

매출액증가율과 순이익증가율이 같이 증가한 경우는 평균 이상으로 외형이 신장되고 내실 있는 경영을 했다고 평가한다. 매출액증가율은 증가했지만 순이익증가율이 감소했다면 시장 여건은 좋았지만 내실 있는 경영을 하지 못한 것으로, 매출액증가율은 감소했지만 순이익증가율은 증가한 경우는 시장 여건은 평균 이하였지만 내실 있는 경영을 한 것으로 평가한다. 매출액증가율도 감소하고 순이익증가율도 감소했다면 시장 여건도 좋지 않았고 경영도 내실 있게 하지 못한 것으로 판단한다.

〈성장성 지표들〉

매출액증가율 = 당기매출액÷전기매출액

영업이익증가율 = 당기영업이익÷전기영업이익

당기순이익증가율 = 당기순이익÷전기순이익

총자산증가율 = 당기말총자산÷전기말총자산

자산회전율 = 2×매출액÷(기초총자산+기말총자산)

PER

PER(Price Earning Ratio)는 주당순이익비율이다. 주가를 주당순이익(EPS, Earning Per Share)으로 나눈 값이다. 주당순이익은 당기순이익을 주식 수로 나눈 것이다. 주식 한 주가 얼마의 이익을 거뒀는지를 나타내는 수치다. 주당순이익이 높으면 한 주가 벌어들인 이익이 큰 것이고, 주당순이익이 낮으면 한 주가 벌어들인 이익이 작다는 뜻이다. 따라서 우량한 회사일수록 주당순이익의 수치는 높게 나타난다.

PER가 높다는 것은 주당순이익에 비해 주가가 높다는 것이고 이는 주가가 고평가되었다는 뜻이다. PER가 낮다는 것은 주당순이익에 비해 주가가 낮다는 것이고 이는 주가가 저평가되었다는 뜻이다.

삼성전자의 주가는 4만5000원이고 주당순이익은 6000원이라면 PER는 45,000÷6,000이 되어 7.5가 된다. 삼성전자의 주가가 두 배로 올라 9만 원이 되었다면 PER는 90,000÷6,000이므로 15가 된다. 주가의 움직임에 따라 PER도 매일 변한다.

우리나라 증시가 외국인 투자자에게 개방되자마자 '저PER 혁명'이라고 불리는 사건이 있었다. PER가 낮은 종목에 외국인 투자자들의 매수세가 몰렸다. 당시 BYC는 8개월 만에 2만 원에서 14만 원으로 상승했고 쌍방울은 8개월 만에 1만 원에서 4만 원으로 상승했으며 금강은 8개월 만에 3만 원에서 8만 원으로 상승, 신세계도 13개월 만에 1만 원에서 10만 원으로 상승했다.

시기 불일치

하지만 문제가 하나 있다. 분모와 분자의 시기가 불일치한다는 점이다. 분모의 주당순이익은 작년의 순이익이다. 분자의 주가는 지금 현재의 주가다. 분모는 과거의 숫자이고 분자는 현재의 숫자다. 작년의 실적이 올해의 실적과 큰 변화가 없다면 별 문제가 없겠지만 작년의 실적과 올해의 실적 간에 괴리가 심하다면 의미 없는 숫자가 돼버린다. 예를 들어 올해 실적이 엄청 좋아진 경우에는 비록 지금 PER가 높다 하더라도 실제로는 낮은 것이고 반면 올해 실적이 엄청 나빠진 경우라면 비록 지금 PER가 낮다 하더라도 실제로는 높은 것이다. 이를 보완하기 위하여 분모의 주당순이익을 작년의 순이익이 아니라 올해의 추정순이익으로 계산하기도 하지만 아무래도 한계가 있다.

2020년에 주가 상승폭이 예상보다 커지자 PDR(Price Dream Ratio)이라는 용어가 등장했다. 주가 이익을 바탕으로 한 PER로 주가가 설명되지 않으니 이익(Earning) 대신 꿈(Dream)이라는 단어를 대신 사용한 것이다. 기억을 더 듬어보면 1999년 말 코스닥 열풍 때도 PGR(Price Growth Ratio)이라는 용어가 등장했었다. 이때도 역시 PER로 설명되지 않으니 장래 성장성을 근거로 삼는다고 해서 성장(Growth)이라는 단어가 들어간 것이다. 묘한 데자뷰가 느껴졌다.

〈KOSPI200 종목 중에서 저 PER주 (2021년 1월 기준)〉

순위	종목	PER
1	두산	2.37
2	HDC	2.53
3	HDC현대산업개발	3.16
4	BNK금융지주	3.39
5	우리금융지주	3.51
6	기업은행	3.89
7	메리츠증권	4.11
8	영풍	4.14
9	하나금융지주	4.34
10	신세계	4.50
11	신한지주	4.60
12	대림산업	4.82
13	태광산업	4.91
14	KB금융	5.17
15	넥센타이어	5.29
16	한국금융지주	5.98
17	GS	6.74
18	현대해상	7.05
19	두산인프라코어	7.05
20	GS건설	7.11

PBR

PBR은 주당순자산비율(PBR, Price Book-value Ratio)이다. 주가를 주당순자산가치(BPS, Book-value Per Share)로 나눈 값이다. 주가가 주당순자산가치에 비해 몇 배로 거래되고 있는지 알 수 있다. 워런 버핏이 장기 투자의 척도로서 중시하는 지표로도 유명하다.

주당순자산가치는 회사의 자산 가치를 주식 수로 나눈 것이다. 1주의 주식이 가지고 있는 자산의 가치다. 자산 가치가 우량한 회사일수록 주당순자산가치는 높게 나타난다. 자산 가치는 장부가를 기준으로 하기 때문에 현재 시세와 괴리가 있는 경우가 있다. 대표적인 것이 토지 시세다. 회사가 보유하고 있는 토지 가격은 재평가를 하지 않는 한 처음 매입가로 남아 있기 때문이다.

이 외에도 특허권이나 지적자산 등 무형자산도 반영되지 못하는 문제점이 있어 정확한 숫자를 산출하는 데는 한계가 있다.

아무튼 PBR이 높다는 것은 주당 자산 가치에 비해서 주가가 높다는 것이고 이는 주가가 고평가되었다고 해석한다. PBR이 낮다는 것은 주당순자산가치에 비해 주가가 낮다는 것이고 주가가 저평가되었다고 해석한다.

삼성전자의 주가가 4만5000원, 주당순자산가치를 3만8000원이라고 하자. 이 경우 PBR은 45,000÷38,000이므로 1.18이다. 주가가 2배로 올라 9만 원이 되었면 PBR은 90,000÷38,000이 되므로 2.37이 된다. PER와 마찬가지로 PBR도 주가의 움직임에 따라 매일 변한다.

PBR가 1보다 적으면 주가가 회사의 장부 가치에도 미치지 못한다는 것을 의미한다. 이 경우 회사 주식을 모두 사서 그 회사를 청산하면 이익이 생긴다는 이야기다.

한화생명의 PBR은 0.18에 불과하다. 이론적인 이야기지만 한화생명 주식을 모두 사서 자산을 모두 팔면 1÷0.18 = 5.6배의 수익을 거둘 수 있다.

PER가 수익에 기초한 지표라면 PBR은 자산에 근거한 지표고, 1992년에 저PER 혁명이 있었다면 1993년에는 저PBR 혁명이 있었다.

당시 저PBR 혁명의 주도주는 만호제강이었다. 만호제강은 평소 거래량이 적어 투자자의 눈길을 끌지 못했지만 1993년 9월 3일 최저가 2만9500원에서 시작해 11월 22일 11만9500원까지 상승했다. 이 과정에서 23일 연속 상한가라는 진기록을 세우기도 했다.

〈KOSPI200 종목 중에서 저 PBR주 (2021년 1월 기준)〉

순위	종목	PBR
1	한화생명	0.18
2	BNK금융지주	0.22
3	한국전력	0.26
4	기업은행	0.26
5	롯데쇼핑	0.27
6	태광산업	0.28
7	HDC	0.31
8	영풍	0.32
9	우리금융지주	0.32
10	현대제철	0.34
11	한국가스공사	0.37
12	하나금융지주	0.37
13	롯데하이마트	0.39
14	신한지주	0.40
15	현대백화점	0.40
16	한국테크놀로지그룹	0.41
17	넥센타이어	0.41
18	GS	0.41
19	오리온홀딩스	0.43
20	삼성생명	0.43

재무상태표

재무상태표는 기업의 자산과 부채, 그리고 자본의 내역을 알 수 있는 표다. 아래 표는 전자공시시스템에 공시된 삼성전자의 사업보고서에서 발췌한 재무상태표다. 표에 나오는 용어는 기본적으로 이해하고 있어야 한다.

자산

자산은 유동자산과 비유동자산으로 구분된다.

유동자산은 1년 이내에 현금화할 수 있는 자산이다.

현금 및 현금성자산이란 현금, 수표, 보통예금, CD, CMA, MMF 등 만기가 3개월 이내인 것을 말한다. 단기금융상품은 보유한 금융상품 중에서 만기가 1년 이내인 것을 말한다. 매출채권과 미수금은 받을 돈이다. 차이점은 매출채권은 기업의 상품을 판매해서 발생한 채권이고, 미수금은 상품 이외의 자산을 판매해서 발생한 채권이다. 삼성전자가 핸드폰을 팔아서 발생한 채권은 매출채권이고 건물을 매각하고 발행한 채권은 미수금이다. 선급금이란 회사의 영업활동에 필요한 물품을 구입하려고 미리 지급하는 선금이고, 선급비용은 보험료같이 물품 구입이 아닌 비용의 선금이다. 재고자산은 재고로 가지고 있는 자산이다. 이상이 유동자산이다.

비유동자산은 1년 이내에 현금화할 수 없는 자산이다.

기타포괄손익-공정가치금융자산은 매도가능증권의 금액이다. 단기매매증권은 단기에 매매차익을 목적으로 보유하는 증권으로 유동자산에 속하며 매도가능증권은 장기보유가 목적이라 비유동자산에 속한다. 당기손익-공정가치금융자산은 매도가능증권의 손익이다. 종속기업, 관계기업 및 공동기업투자는 관련된 기업에 투자된 부분을 말하며 유형자산은 눈으로 보이는 자산, 즉 토지 건물 등이며 무형자산은 눈으로 보이지 않는 특허권, 상표권 등이다.

부채

부채 또한 유동부채와 비유동부채로 구분된다. 유동부채는 1년 이내에 상환해야 하는 외상매입금, 단기차입금 등이며 비유동부채는 1년 이상 남은 부채다.

매입채무는 기업의 영업활동에서 물건을 매입하고 아직 지급하지 못한 채무다. 자산 항목의 매출채권이 받을 돈이라면 부채 항목의 매입채무는 줄 돈이다. 매입채무로 기업의 운영자금에 문제가 없는지 파악할 수 있다. 단기차입금은 1년 이내에 갚아야 할 채무이며 미지급금은 상거래 외에서 아직 갚지 않은 돈이다. 선수금은 제품을 인도하기 전에 미리 받은 돈을 말하고, 예수금은 직원들의 급여에서 공제되는 원천세, 보험료, 국민연금 등으로 임시로 보관하고 있는 돈이다. 미지급비용은 일정한 계약에 따라 외부에서 용역을 제공받으면서 아직 지급하지 않은 돈이다. 유동성장기부채는 장기부채 중 결산일로부터 1년 이내에 상환기간이 도래하는 부채고, 충당부채는 지출의 시기나 금액이 불확실한 부채를 말한다. 이상이 유동부채다.

사채는 채권발행금액이고 장기차입금은 1년 이상의 차입금, 장기미지급금은 1년 이상의 미지급금, 장기충당부채는 1년 이상의 충당부채를 의미한다.

자본

자본금은 주주들이 가지고 있는 원금을 이야기한다. 우선주자본금은 우선주 주주들이 가지고 있는 자본금, 보통주자본금은 보통주 주주들이 가지고 있는 자본금이다. 주식발행초과금은 증자 시 납입된 금액이다. 유상증자를 할 때 유상납입금은 액면가를 기준으로 하지 않고 시가를 기준으로 한다. 이 경우 유상납입금과 액면가의 차이만큼 주식발행초과금이 발생한다. 이익잉여금은 기업이 영업활동을 해서 발생한 총이익이다. 삼성전자의 이익잉여금이 172조 원라는 이야기는 삼성전자가 지금까지 벌어들인 순이익의 합계가 172조 원이라는 이야기다. 기타자본항목에는 자기주식 등이 포함된다.

〈재무상태표〉

	제 51 기
자산	
유동자산	72,659,080
현금및현금성자산	2,081,917
단기금융상품	26,501,392
매출채권	26,255,438
미수금	2,406,795
선급금	908,288
선급비용	813,651
재고자산	12,201,712
기타유동자산	1,489,887
비유동자산	143,521,840
기타포괄손익-공정가치금융자산	1,206,080
당기손익-공정가치금융자산	3,181
종속기업, 관계기업 및 공동기업 투자	56,571,252
유형자산	74,090,275
무형자산	8,008,653
순확정급여자산	486,855
이연법인세자산	547,176
기타비유동자산	2,608,368
자산총계	216,180,920
부채	
유동부채	36,237,164
매입채무	7,547,273
단기차입금	10,228,216

미지급금	9,142,890
선수금	355,562
예수금	383,450
미지급비용	5,359,291
당기법인세부채	788,846
유동성장기부채	153,942
충당부채	2,042,039
기타유동부채	235,655
비유동부채	2,073,509
사채	39,520
장기차입금	174,651
장기미지급금	1,574,535
장기충당부채	283,508
기타비유동부채	1,295
부채총계	38,310,673
자본	
자본금	897,514
우선주자본금	119,467
보통주자본금	778,047
주식발행초과금	4,403,893
이익잉여금(결손금)	172,288,326
기타자본항목	280,514
자본총계	177,870,247
자본과부채총계	216,180,920

손익계산서

손익계산서는 기업의 수익과 비용 그리고 순이익을 알 수 있는 표다.

다음 표는 전자공시시스템에 공시된 삼성전자의 사업보고서에서 발췌한 손익계산서다.

수익(매출액)은 물건을 판 금액이다. 옆의 표에서 삼성전자가 1년 동안 판 물건의 판매액은 155조 원임을 알 수 있다. 매출원가는 매출액을 올리는 데 투입된 원가다. 매출총이익은 매출액에서 매출원가를 뺌으로서 계산된다. 매출액 155조 원에서 매출원가 114조 원를 뺀 41조가 매출총이익이 된다.

판매비와 관리비는 판매활동, 기업의 관리와 유지에 들어가는 비용이다. 판매비와 관리비에는 급여, 퇴직급여, 복리후생비, 여비교통비, 통신비, 수도

손익계산서 (단위 : 백만 원)

	제 51 기
수익(매출액)	154,772,859
매출원가	113,618,444
매출총이익	41,154,415
판매비와관리비	27,039,348
영업이익(손실)	14,115,067
기타수익	5,223,302
기타비용	678,565
금융수익	4,281,534
금융비용	3,908,869
법인세비용차감전순이익(손실)	19,032,469
법인세비용	3,679,146
계속영업이익(손실)	15,353,323
당기순이익(손실)	15,353,323
주당이익	
기본주당이익(손실) (단위 : 원)	2,260

광열비, 세금과공과, 임차료, 차량유지비, 소모품비, 도서인쇄비, 수수료비용, 접대비, 보험료, 운반비, 수선비, 광고선전비 등이 포함된다.

　매출총이익에서 판매비와 관리비를 빼면 영업이익이 나온다. 매출총이익

41조 원에서 판매비와 관리비 27조 원을 뺀 14조 원이 영업이익이다.

기타수익은 영업 외 수익이며 기타비용은 영업 외 비용이다. 금융수익은 이자수익, 금융비용은 이자비용이다. 영업이익에서 기타수익과 금융수익을 더하고 기타비용과 금융비용을 빼주면 법인세비용차감전순이익이 나온다. 여기서 법인세를 빼주면 순이익이 나온다. 영업이익 14조 원에서 기타수익 5조 원, 금융수익 4조원을 더하고 기타비용 0.7조 원 금융비용 4조 원를 빼주면 법인세비용차감전순이익은 19조 원이 되고 여기서 법인세 3.7조 원를 빼면 15.4조 원의 당기순이익이 나온다.

가치 투자

'주식은 위험하다'는 말에서 위험은 두 가지로 해석할 수 있다. 첫째는 주가가 매수한 가격보다 하락하는 것이고, 둘째는 투자한 회사가 사라지는 것이다. 이런 위험을 회피할 수 있는 가장 좋은 방법이 가치 투자다.

가치 투자는 기업의 가치를 분석해 주가가 그보다 낮은 수준일 때 매수하는 것이다. 이때 중요한 것은 충분히 우량한 주식을 사야 한다는 것과 낮은 가격에 사야 한다는 것, 그리고 적정한 가격으로 올라갈 때까지 기다려야 한다는 것이다. 우량하지도 않은 주식을 단지 낙폭이 크거나 저평가돼 있다고 해서 사는 행위는 가치 투자가 아니다. 부실한 주식으로 장기 투자를 할 수는 없기 때문이다. 충분히 우량한 주식을 선택하려면 먼저 10년 후, 20년 후에도 존재할 수 있는 기업인지 살펴야 한다.

가치 투자를 통해 주식을 선정할 때는 먼저 기업의 내재 가치를 파악해 충분히 안정성이 있는 종목을 골라야 한다. 다음으로 수익 가치를 파악해 수익을 확보할 수 있는지를 판단한 후, 마지막으로 그 기업이 향후 무엇으로 먹고 살 것인지 미래 성장성까지도 고려해 봐야 한다.

성장성을 파악할 때는 기업이 속한 산업 자체의 성장성도 따져볼 필요가 있다. 전체적인 파이가 커진다면 기업의 파이도 같이 커질 확률이 크다. 진입 장벽도 따져볼 필요가 있다. 장치 산업은 진입 장벽이 높아 업체가 난무하지 않겠지만, 진입 장벽이 낮은 산업은 파이가 커지는 속도보다 더 빨리 업체가 늘어나면 성장성에 문제가 생길 수 있다. 이런 계량적인 것 외에도 최고경영자의 능력과 사내 문화까지 살펴봐야 한다.

가치 투자의 매수 시기

이러한 전제 조건하에서 종목 선정을 마쳤다면 매수 시기를 정해야 한다. 매수는 최대한 낮은 가격으로 해야 한다. 매수할 기회를 주지 않으면 기다려야 한다. 무엇보다 중요한 것은 때를 기다려야 한다는 것이다. 증시 외적인 요인으로 주가가 폭락하면 주식을 매수하기에 좋은 기회다. 가치 투자의 거목인 워런 버핏이 코카콜라 주식을 눈여겨보고 있다가 1987년 블랙먼데이 때 대거 사들인 일화는 유명하다. 가치 투자의 수익률은 팔 때 결정되는 것이 아니라 살 때 결정된다고 하는 이유가 여기에 있다. 이렇게 확보한 주식은 투자

기업의 가치가 적정한 수준으로 올라갈 때까지 지속적으로 보유해야 한다. 주가가 적정한 가격으로 올라갈 때까지 기다리는 일은 사실 매우 어렵다. 수익이 난 종목을 팔지 않고 계속 보유하려면 수많은 유혹을 물리칠 줄 알아야 한다.

무턱대고 장기 투자만 한다고 해서 높은 수익을 올릴 수 있는 것도 아니다. 충분히 우량한 종목을 충분히 낮은 가격으로 샀을 때 장기 투자로 그 수익을 극대화시킬 수 있는 것이다.

경기와 주가

주식시세는 경기 변화에 크게 영향을 받는다. 향후 경기가 상승할 것으로 예측되면 주가는 상승하고 경기가 하강할 것으로 예측되면 주가는 하락한다. 주가는 항상 경기보다 먼저 움직인다. 경기가 최저점에 도달하기 수개월 전부터 주가는 상승반전하고, 경기가 최고점에 도달하기 수개월 전부터 주가는 하락 반전한다. 대체적으로 그 개월 수는 6~9개월 정도로 본다. 경기가 좋지 않은데도 불구하고 주가가 올라가는 경우 지나고 보면 바로 그때가 경기의 바닥 국면이었고, 경기가 좋은데도 불구하고 주가가 내려가는 경우 지나고 보면 그때가 경기의 상투 국면이었다는 것을 뒤늦게 알게 된다.

향후 주가가 궁금할 때는 경기종합지수를 참조한다. 경기종합지수는 향후 경기 동향을 파악하고자 경제지표의 변화를 종합해서 수치화한 것이다. 생산, 투자, 고용, 소비, 금융, 무역, 기계 등 경제를 구성하고 있는 지표 중 경기에 민감하게 반영하는 주요 경제지표를 선별해 전년 동월 대비 증감률을 가중평균해 작성한다. 선행지수, 동행지수, 후행지수로 구분하는데, 선행지수는 건설, 기계수주지표처럼 실제 경기 흐름보다 미리 움직이는 개별지표들을 종합해서 사용한다. 주가는 선행지수와 상관관계가 가장 높다. 선행지수는 3~6개월 후의 경기 흐름을 가늠하는 지표로 지수가 전월보다 올라가면 경기상승, 내려가면 경기하강으로 본다.

경기선행지수는 총 아홉 가지의 구성 지표로 이루어져 있다. 이 중 가장 대표적인 지표가 기업경기실사지수(BSI, Business Survey Index)다. BSI란 기업 활동의 실적, 계획, 경기 동향 등에 대한 기업가의 의견을 조사해 이를 지수로 나타낸 것이다. 이는 전반적인 경기 동향을 파악하는 지표로 다른 경기지표와는 달리 기업가의 주관적이고 심리적인 요소까지 조사가 가능하다는 것이 특징이다. 기업가의 판단과 계획이 단기적인 경기변동에 중요한 영향을 미친다는 점에서 중요한 경기예측지표로 사용된다. BSI가 100 이상이면 이번 달의 경기가 지난 달보다 좋아질 것이라고 응답한 기업이 그렇지 않다고 응답한 기업보다 많다는 의미다.

경기변동의 4단계

경기변동은 침체기, 회복기, 활황기, 후퇴기로 나뉜다.

침체기는 신규 투자 활동이 위축돼 실업률 및 재고율이 최고조에 달하고 자금의 수요가 감퇴하는 시기다. 회복기는 경기를 부양하고자 통화량을 늘리고 설비 투자 확대 및 고용을 유발해 소비가 점진적으로 늘어나는 시기다. 활황기는 경기가 회복기를 거쳐 생산과 판매량이 증가하고 고용 및 소비가 최고조로 확대돼 인플레이션이 나타나고 금리가 상승하는 시기다. 후퇴기는 소비가 위축됨에 따라 생산량 및 기업 이익이 감소하고 실업률이 증가하며 도산 기업이 증가하는 단계를 보이는 시기다.

경기변동은 이렇게 4단계로 구분되지만 단순히 확장과 수축을 교차하면서 반복하는 것이 아니라 각 순환 과정의 주기와 진폭이 서로 다르게 나타난다. 또한 한 주기 내에서도 확장기와 수축기의 길이가 다르다.

경기변동과 맞물려 주식시장도 실적장세와 금융장세, 역실적장세와 역금융장세의 네 가지로 나타난다. 계절에 비유하자면 실적장세는 봄, 금융장세는 여름, 역실적장세는 가을, 역금융장세는 겨울이다.

실적장세는 기업의 실적이 좋아져 주가가 오르는 따뜻한 장세다. 그동안 실적이 좋지 않았던 기업의 실적이 좋아지면 배당도 줄 수 있고 유보도 쌓을 수 있기 때문에 발 빠른 투자자는 이 단계에서 적극적인 매수에 나선다.

금융장세는 전반적으로 주식시장의 분위기가 좋아지고 조그만 호재에도 주가가 오르는 장세다. 기업의 실적보다 돈의 힘으로 밀어붙이는 뜨거운 장세다. 이런 장의 특징은 급격한 상승세를 시현한다는 점이다. 그래서 신문에는 연일 과열이라고 나오지만 그래도 주가는 끝끝내 올라가는 그런 경우다.

역실적장세는 실적장세와 반대되는 경우로 실적이 좋지 않아 주가가 하락하는 싸늘한 장세이다. 마지막으로 역금융장세는 금융장세와 반대되는 경우로 돈이 부족해 주가가 폭락하는 추운 장세다.

금리와 주가

금리가 하락하면 기업 실적은 좋아진다. 이자 비용이 감소하기 때문이다. 또한 돈을 빌리는 데 부담이 없어져 공장을 짓거나 기계를 도입하는 등 투자도 늘어난다. 투자는 고용을 증대하고 다른 산업에도 영향을 미쳐 경기가 전반적으로 좋아진다. 주가도 올라간다.

금리가 상승하면 투자에 소극적이 되고 금융비용 부담이 증대되어 기업실적은 나빠진다. 경기는 위축되고 주가는 하락한다.

금리가 10퍼센트일 때에는 굳이 위험을 무릅쓰고 주식을 하려는 사람들이 많지 않았다. 금리가 5퍼센트로 진입하자 주식에 관심을 가지게 되었고 기준금리가 0.5퍼센트인 지금은 주식에 더욱 더 많은 관심을 가지게 되었다. 금리가 큰 폭으로 상승하지 않는 한 지금의 흐름은 바뀌지 않을 것이다.

금리가 높아지면 한 가지 걱정스러운 점이 있다. 가계부채 문제다. 금리가 상승하면 매달 대출금을 갚는 사람에게는 큰 부담으로 다가올 것이다. 2020년 12월 말 신용대출은 134조 원이다. 금리가 큰 폭으로 상승한다면 이자 부담 때문에 주식 매수 세력이 약화되고 주가에도 영향을 줄 것이다.

통화량과 주가

통화량은 시중에 돌고 있는 돈의 유통량이다. 단기간 통화량의 증가는 시중 자금의 유동성을 풍부하게 만들기 때문에 주가에 긍정적인 영향을 미친다. 그러나 장기간 통화량이 지나치게 늘어나면 인플레이션이 발생하고 금리가 상승하므로 오히려 주가에 부정적인 영향을 미친다.

물가와 주가

물가의 완만한 상승은 기업의 투자 의욕을 고취시키고 자산 가치도 상승하므로 주가에 긍정적인 영향을 미친다. 그러나 급격한 상승은 실질 구매력을 떨어뜨려 기업 매출이 감소하고 금융자산의 가치도 절하돼 주가에는 부정적인 영향을 미친다.

원자재와 주가

원자재를 대부분 수입해야 하는 우리나라 입장에서는 원자재 가격이 오르면 주가에 부정적이고 원자재 가격이 내리면 주가에 긍정적이다.

원자재 가격이 오르면 원자재 수입액이 증가하게 되고 이는 물가 상승의 원인으로 작용한다. 또한 원자재 가격 상승은 제품 원가의 상승 요인이 되고, 이는 매출액 감소로 이어진다. 반면 원자재 가격의 하락은 제품 원가의 하락 요인이 되고, 이는 기업의 수익성에 도움을 주므로 주가에 긍정적인 영향을 미친다.

유가와 주가

유가의 상승은 주가에 부정적인 영향을 미치고 유가의 하락은 긍정적인 영향을 미친다. 유가가 상승하면 국내 물가 상승으로 이어지고, 이는 다시 무역수지 악화, 경제성장률 저하로 이어진다. 반면 유가가 하락하면 국내 경제 전반에 걸쳐 긍정적인 영향을 준다.

환율과 주가

환율이란 국가와 국가 간 돈의 교환가치에 대한 비율을 말한다.

원−달러 환율이 1200원이면 1달러를 1200원으로 교환한다는 것이고, 원−달러 환율이 1100원이면 1달러를 1100원으로 교환한다는 뜻이다. 환율이 하락했다는 것은 원화가치가 상승했다는 뜻이므로 원화강세 · 달러약세로 표현된다.

주식시장에서 환율 변화는 주가 변동의 요인이 되는데, 일반적으로 환율이 떨어지면 주가는 올라가고 환율이 올라가면 주가는 내려가는 경향이 있다.

환율이 1100원에서 1000원으로 떨어지면 그만큼 원화의 가치가 올라갔다는 것을 의미한다. 원화가 강세를 보이는 이유는 수출이 잘 되어 무역수지가 좋아졌든지, 아니면 외국인의 투자 자금이 들어온 경우다. 무역수지가 좋아지고 경제가 좋아지면 당연히 주가는 오른다. 또 외국인의 투자 자금이 유입돼도 주가는 오른다. 따라서 환율이 떨어지면 주식시장은 활기를 띠고, 반대로 환율이 올라가면 주식시장은 침체를 보인다.

하지만 실제 현장에서 환율 변화와 주가 변화를 경험해본 결과, 약간은 상이하게 움직이는 것을 느낄 수 있었다. 세계적인 금융 위기가 발생하면 원화 가치가 급격하게 하락하고 주가도 같이 급격하게 하락한다. 이 경우는 거의 동시에 일어난다. 하지만 이런 경우를 제외하고는 크게 상관관계를 체감하지 못했다. 왜냐하면 환율 변화를 이미 기업이 여러 가지로 대비하고 있기 때문이다. 그래서 필자가 내린 결론은 이렇다. 완만한 환율 변화는 주가와 크게 관계가 없다. 하지만 급격한 환율 변화는 큰 관계가 있다.

환율 수혜 업종

환율이 하락하면 수입 비중이 높고 수출 비중이 낮은 기업에 유리하다. 똑같은 1달러어치를 수입해 오면서 예전에는 1200원을 지급했는데 이제 1100원만 줘도 되기 때문이다. 이에 해당하는 업종으로는 음식료, 철강, 비철금속, 제지, 항공업종 등을 들 수 있다. 음식료 업종은 원재료 도입 단가가 낮아져 영업 부문의 수익성이 좋아진다. 항공 업종은 유류비, 임차료 등과 같이 외화가 많이 들어가는 비용 구조와 환율 하락으로 여행수지 증가 때문에 수혜가 예상된다. 또한 외화 부채가 많은 기업은 환율이 하락하면 부채비율 감소 효과와 경상이익 개선 효과를 함께 누릴 수 있다. 외화 부채를 많이 가지고 있는 업종은 해운, 항공, 철강 쪽이다. 수출 업종은 피해를 볼 수밖에 없다. 똑같은 1달러어치를 수출하면 예전에는 1200원 받던 것을 1100원밖에 못 받기 때문이다. 그래서 수출 업종과 외화 자산이 많은 업체가 피해를 본다. 대표적인 피해 업종은 조선, 전자부품 업종이다. 반대로 환율이 상승하면 원재료 수입 비중이 낮으면서 수출 비중이 높은 기업과 외화 부채가 없는 기업이 혜택을 본다.

단기이동평균선이 장기이동평균선을 상향 돌파하는 경우를 골든크로스(Golden Cross)라고 한다. 이때는 매수 타이밍이다. 반면 단기이동평균선이 장기이동평균선을 하향 돌파 하는 경우를 데드크로스(Dead Cross)라고 한다. 이때는 매도 타이밍이다.

chapter 5

기술적 분석은
왜 필요한가

기술적 분석

기술적 분석의 전제는 '주가는 수요와 공급에 의해서 결정된다'는 것이다.

수요는 '사자는 세력'이고 공급은 '팔자는 세력'이다. 사자는 세력이 팔자는 세력보다 많으면 주가가 오를 것이고, 사자는 세력이 팔자는 세력보다 적다면 주가는 내릴 것이다. 이런 세력의 움직임을 직관적으로 볼 수 있는 것이 주가 그래프다.

기술적 분석은 주가와 거래량의 변화를 관찰하면서 주가를 분석하는 방법이다. 주가의 흐름을 나타낸 그래프를 통해 매수와 매도의 타이밍을 찾아낸다. 기술적 분석은 그림을 보는 것이기 때문에 숫자를 파악해야 하는 기본적 분석에 비해 상대적으로 쉬운 분석 방법이기도 하다.

주식 투자에서 기술적 분석은 필요하고, 또 이용돼야 한다. 어느 정도의 이격이 벌어지면 매수와 매도를 자제할 줄 아는 인내심을 주고, 특정 모양이 나오면 의사 결정하는 데 도움을 준다. 또 투자 심리가 과열되었을 때와 침체되었을 때를 구분할 수 있게 해준다. 그리고 고점에서의 저항과 저점에서의 지지도 알려준다. 이런 많은 도움을 기술적 분석에서 제공하고 있다.

주의할 것은 주식을 가지고 있을 때 그래프를 보는 마음가짐과 돈을 가지고 있을 때 그래프를 보는 마음가짐이 같아야 한다는 것이다. 즉, 주식을 가지고 있으면 호의적으로 해석하고 돈을 가지고 있으면 비관적으로 해석하지 말아야 한다는 점이다. 그래서 주가 그래프를 볼 때 일반적인 주가 그래프뿐

〈삼성전자의 일반적인 그래프〉

〈삼성전자의 거꾸로 그래프〉

아니라 거꾸로 주가 그래프도 봐야 한다. 일반적인 주가 그래프는 주가를 표시할 때 높은 숫자가 위에 있지만 거꾸로 주가 그래프는 낮은 숫자가 위에 있다. 이렇게 거꾸로 주가 그래프를 봄으로써 객관적인 시각을 기를 수 있다.

기술적 분석의 단점

기술적 분석은 단순명료한 장점에도 불구하고 치명적인 약점을 안고 있다. 과거의 추세를 미래에 적용하다 보니 맞을 때도 있지만 맞지 않을 때도 많다는 것이다. 대체적으로 '이런 모양일 때는 이렇게 되더라'라는 과거 경험에 기초하기 때문에 실제는 그렇게 되지 않을 때도 많다.

또 기술적 분석을 신봉한 나머지 기본적 분석을 멀리하는 어리석음을 범할 수도 있다. 주가가 과도하게 하락해 이격이 많이 벌어지면 기술적 분석만 하는 사람은 냉큼 사겠지만 기본적 분석까지 하는 사람들은 그 기업의 내재 가치에 어떤 변화가 생겼는지 파악한다. 기본적 분석의 토대 위에서 기술적 분석으로 매매 타이밍을 잡아야 성공 확률이 높아진다. 기본적 분석과 기술적 분석은 따로 따로 하는 것이 아니라 같이 할 때 더 효율적이다.

거래량

거래량은 주가의 바로미터다. 거래량으로 주가를 미리 예측해볼 수 있다. 거래량이 늘어난다는 것은 시장의 관심을 끌고 있다는 것이고 실제 주가도 활기를 띤다. 고점에서 거래량이 갑자기 큰 폭으로 증가한다면 매도 타이밍으로 잡는 것이 좋다. 주가가 고점을 형성할 때는 대부분 대량 거래가 터지기 때문이다.

반면 거래량이 줄어든다는 것은 시장의 관심이 식어간다는 것이고 실제 주가도 침체한다. 주가가 침체기였다가 상승기로 돌아설 때는 거래량이 먼저 늘어나고 주가는 그 다음에 오르는 경우가 많다. 반대로 주가가 하락기에 접어들 때도 거래량이 먼저 줄어들고 그 다음에 주가가 하락하는 경우가 많다.

주가가 저가권인 상황에서 거래량이 점점 줄어들다가 어느 순간부터 서서히 늘어날 때가 매수 타이밍이다. 반대로 주가가 고가권인 상황에서 거래량이 점점 늘어나다가 서서히 줄어들면 매도 타이밍이다.

그래프를 볼 때 주가보다 더 유심히 봐야 하는 것이 거래량이다. 예를 들어 어떤 제약회사에서 코로나 치료제 신약 개발에 성공했다고 하자. 이 정보를 먼저 취득한 어떤 이가 주식을 살 때에는 최소한 주가에 영향을 주지 않으면서 매수하려 한다. 주가가 급변하면 물량 확보도 제대로 하지 못하고 또 비싼 가격에 사야 하기 때문이다. 따라서 주가에 큰 변화가 없을지도 모른다. 하지만 거래량은 분명 늘어난다.

거래량의 많고 적음을 보면서 이 종목이 인기가 있는지 없는지 판단할 수 있다. 거래가 집중된 주식을 인기주라고 하고 거래량이 적은 주식을 소외주라고 한다.

거래량을 볼 때에는 거래 대금도 감안해서 봐야 한다. 저가주와 고가주의 차이 때문이다. 저가주는 거래량이 비록 많다고 해도 거래 대금은 많지 않고 고가주는 거래량은 얼마 되지 않아도 거래 대금은 많다. 거래 대금이라고 하는 것은 '거래량×주가'로 계산된다. 2000원짜리 주식이 100만 주 거래되는 것과 20만 원짜리 주식이 1만 주 거래되는 것은 거래 대금이 같다.

회전율과 VR

거래량을 통해 회전율과 VR(Volume Ratio)을 파악할 수 있다.

회전율은 오늘 거래된 거래량을 상장주식 수로 나눈 것이고 기간회전율은 특정 기간 동안 거래된 거래량을 상장주식 수로 나눈 것이다.

2021년 1월 운송장비업체인 체시스의 거래량은 1220만 주였다. 상장주식 수는 2400만 주니까 51퍼센트의 회전율을 보였다. 체시스는 이날 계열사 넬바이오텍의 구충제 이버멕틴이 코로나의 치사율을 최대 80퍼센트까지 낮추는 효과가 있다는 임상시험 결과가 전해지면서 주가가 강세를 보였다. 1995원에 시작해서 장중 1920원까지 하락하다가 2540원까지 폭등했는데 2400원으로 장을 마감했다. 30퍼센트가 넘는 등락에서 매매가 폭발한 것이다.

아주 드문 경우지만 100퍼센트가 넘는 회전율을 보이는 종목도 있다. 전체 주식 수보다 더 많이 거래가 된 것이니까 아주 과열된 것이다. 회전율이 높은 종목은 주로 저가주에서 많이 발견되는데 주가가 이상 급등한 다음 차익 실현을 위한 매물이 쏟아져 나오는 경우에 많이 발생한다.

VR은 일정 기간 동안 주가 상승일의 거래량 합계를 주가 하락일의 거래량 합계로 나눈 값이다. 만약 주가가 보합을 나타내면 분모 분자에 각각 거래량의 2분의 1을 더해준다. VR이 450퍼센트를 초과하면 주가가 과열 양상을 나타내고 있는 것으로 판단해 매도하고 70퍼센트 이하가 되면 바닥권으로 판단해 매수한다.

봉차트

우리가 보는 주가 그래프는 X축으로는 시간적인 흐름이 나타나고 Y축에는 주가와 거래량의 흔적이 나타난다. 일반적으로 상단은 주가의 모습, 하단은 거래량이다.

일봉 그래프를 예로 들면 X축으로는 매일 매일 날짜가 나오고 Y축의 상단은 그 날 주가의 흐름, 하단은 거래량이다. 주가는 하루 종일 쉼 없이 왔다 갔다 하기 때문에 거기에 적합한 방법이 필요했다. 봉차트는 주가가 시작될 때 어느 가격에서 시작되었는지 그리고 마감되었을 때 어느 가격에서 끝났는지를 보여준다. 또한 하루 중에 얼마까지 상승했으며 얼마까지 하락했는지도 보여준다. 시작할 때의 가격을 시가(始價), 마감 시의 가격을 종가(終價), 하루 중에 최고 많이 오른 가격은 고가(高價), 하루 중에 제일 낮았던 가격은 저가 (低價)라고 표현한다.

기술적 분석 공부는 주가 그래프를 보는 법부터 시작된다. 하루 동안의 움 직임을 하나의 봉으로 만들어 계속 연결하면 일봉 차트가 되고, 일주일의 움 직임을 하나의 봉으로 만들어 계속 연결하면 주봉 차트가 되고, 한 달 동안의 움직임을 하나의 봉으로 만들어 계속 연결하면 월봉 차트가 된다.

봉차트는 사각형을 기본으로 하여 윗수염, 아랫수염이 첨가돼 표현된다. 시가보다 종가가 높으면 속을 비게 만들거나 빨간색으로 색을 채우고 양봉이 라고 부른다. 시가보다 종가가 낮으면 속을 까만색 혹은 파란색으로 채우고 음봉이라고 부른다. 박스의 모양이 하얀(혹은 빨간)색일 때는 박스의 하단이 시가이고 박스의 상단이 종가이고 박스의 모양이 까만(혹은 파란)색일 때는 박스의 하단이 종가이고 박스의 상단이 시가다. 하루 중 나타날 수 있는 모양 은 모두 12가지이다.

〈봉차트의 모양〉

	시가보다 종가가 높다. 몸통의 아랫부분이 시가가 되고 윗부분이 종가가 된다. 아랫수염은 저가이고 윗수염은 고가다.
	시가가 종가보다 높다.
	시가보다 종가가 높다. 시가와 저가가 같다.
	시가보다 종가가 낮다. 종가와 저가가 같다.
	종가가 시가보다 높다. 몸통의 윗면이 종가이며 고가와 종가가 같다.
	몸통의 윗면이 시가다. 시가와 고가는 같다.
	몸통의 아랫부분이 시가고 윗부분이 종가다. 몸통 아랫부분이 저가고 몸통 윗부분이 고가다. 시가와 저가가 같고 종가와 고가가 같다.
	몸통의 윗부분이 시가고 몸통의 아랫부분이 종가다. 시가와 고가가 같고 종가와 저가가 같다.
	시가와 종가가 같다. 아랫수염이 저가고 윗수염은 고가다.
	시가와 저가와 종가와 고가가 같다.
	시가와 종가와 저가가 같다.
	시가와 종가와 고가가 같다.

추세선

최초의 기술적 분석은 추세선에서 출발했다. 추세란 현재의 주가 흐름이 상승 흐름인지 하락 흐름인지를 나타내며 추세선이란 주가 그래프에서 세 개 혹은 그 이상의 전환점을 이은 선을 말한다. 여기서 전환점이란 주가가 상승에서 하락 혹은 하락에서 상승으로 전환하는 포인트를 말한다. 추세선이 우상향의 모습을 보이면 주가는 상승추세라고 표현하고 기울기가 급할수록 강한 상승장세라고 표현한다. 기울기의 각도가 낮다면 완만한 상승장세라고 표현한다. 마찬가지로 추세선이 우하향의 모습을 띠게 되면 주가는 하락추세라고 표현한다. 이 역시 기울기로 강한 하락추세인지, 완만한 하락추세인지를 구분한다.

추세선이 중요한 이유는 주가 흐름의 방향을 알려주기 때문이다. 추세선이 상승 중이면 주가 흐름도 상승 중으로 파악해 매수하고 추세선이 하락 중이면 주가 흐름도 하락 중으로 파악해 매도한다. 추세선은 일정 기간의 방향성을 나타내는 것이기 때문에 추세를 이어가려는 경향이 강하다. 또 한 가지는 추세선의 방향에 따라, 기울기에 따라, 그리고 주가와의 접점에 따라 매수 타이밍과 매도 타이밍이 결정된다. 즉, 하락하던 주가가 상승추세선까지 내려가면 매수 타이밍이고 상승하던 주가가 하락추세선까지 올라가면 매도 타이밍이다.

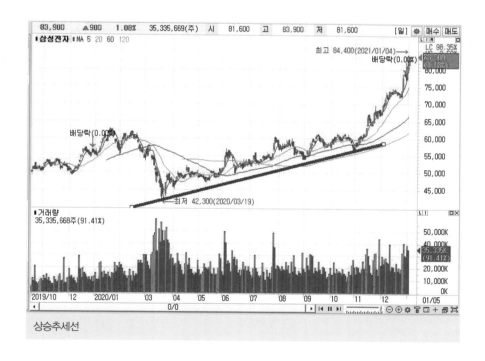

상승추세선

앞의 그래프에서 저점을 이은 선은 우상향 모습을 보이고 있다. 상승추세
다. 매수 타이밍은 주가가 저점을 이은 상승추세선에 근접할 때다.

하락추세선

위 그래프에서 고점을 이은 선은 우하향 모습을 보이고 있다. 하락추세다.

지지선과 저항선

지지선(支持線)이란 주가가 어느 수준까지 하락하면 더 이상 하락하지 않고 반등하는 가격대다. 말 그대로 그 가격에서는 누군가의 지지를 받아 주가가 더 이상 하락하지 않는다는 뜻이다. 저항선(抵抗線)이란 주가가 어느 수준까지 상승하면 더 이상 상승하지 않고 하락하는 가격대다. 말 그대로 그 가격에서는 누군가의 저항을 받아 주가가 더 이상 상승하지 않는다는 뜻이다.

지지선과 저항선은 변한다. 지지선이 저항선이 되기도 하고 저항선이 지지선이 되기도 한다. 군건하게 버텨주던 지지선이 붕괴되면 그때부터는 오히려 지지선이 새로운 저항선의 역할을 하고 무겁게 짓누르던 저항선이 돌파되면 그때부터는 오히려 저항선이 새로운 지지선의 역할을 한다.

투자자는 경험적으로 전고점과 전저점을 기억한다. 그리고 전고점과 전저점이 오면 그때 주식을 미처 팔지 못해 손해 본 일과 그때 주식을 미처 사지 못해 이익을 볼 수 있는 기회를 놓친 일을 생각해 내곤 행동으로 옮기게 된다. 그래서 전고점 근처까지 주가가 상승하면 주가는 매물 압박에 시달리게 되고 저항선까지 도달하기도 전에 결국 하락하는 경우가 많다. 그리고 설령 저항선에 도달하더라도 이 저항선을 돌파하지 못하고 되밀리는 경우가 많다.

지지와 저항의 예

홍길동은 A주식을 보유하고 있다. 주가는 3만 원까지 상승했으나 3만 원을 넘어서지 못하고 도로 하락했다. 홍길동은 '3만 원에 팔걸' 하고 후회하며 다시 주가가 오르기를 기다렸다. 하락하던 A주식은 상승세로 변해 다시 3만 원 근처까지 상승했다. 홍길동은 지난번에 3만 원에서 하락했던 일을 기억하곤 3만 원 근처가 되면 팔아야겠다고 생각한다. 그래서 주가가 3만 원 근처까지 왔을 때 주식을 매도했다. 홍길동 같은 사람들이 많으면 많을수록 A주식은 3만 원 근처까지 가지 못하고 그 전에 하락 반전을 하게 될 것이다.

반대로 주가가 전저점 근처까지 하락하면 주가는 대기 매수 세력이 등장하게 된다. 그래서 전저점 근처까지 주가가 하락하면 매수 강도가 점점 강해져서 지지선에 도달하기도 전에 주가는 되돌림을 보인다. 설령 지지선에 도달했더라도 매수 강도는 더욱 커져 다시 주가는 상승 반전하는 경향이 있다.

홍길동을 다시 한 번 생각해 보자. 홍길동은 B주식을 매수하려고 한다. B

주식은 2만 원 근처까지 하락했다가 더 이상 하락하지 않고 상승 반전해 주가가 올라버렸다. 홍길동은 2만 원 갈 때 살걸 하고 후회하면서 만일 다시 주가가 2만 원 근처까지 하락하면 기필코 사야겠다고 결심한다. 한동안 오르던 B주식은 다시 하락 반전해 2만 원 근처까지 하락했다. 지난번에 사지 못한 경험이 있는 홍길동은 주가가 2만 원 근처까지 하락하자 매수에 가담했다. 홍길동 같은 사람들이 많으면 많을수록 B주식은 2만 원 근처까지 가기 전에 상승 반전을 할 것이다.

지지선 저항선

삼성전기 주가 그래프다. 파란선이 저항선이고 빨간 선이 지지선이다.

삼성전기는 12만 원이 지지선의 역할을 했다. 2019년 12월 12만 원을 돌파한 후 2020년 1월 12만 원에서 지지를 받았다. 이후 코로나 사태로 비롯된 급락 시기에 8만 원대까지 하락했다가 다시 7월과 8월, 9월, 12만 원에서 지지를 받은 결과 상승 반전에 성공했다.

반면 15만 원은 저항선으로서의 역할을 했다. 2020년 1월 15만 원으로 최고점을 달성한 주가는 이후 7월에 직전 고점을 의식한 매물 때문에 하락 반전했으며 9월에도 15만 원까지 상승했다가 하락 반전했다. 7월과 9월, 15만 원대에서 대량의 거래가 이루어진 것을 확인할 수 있다.

이동평균선

이동평균선이란 일정 기간 동안의 주가를 평균해 그 수치를 연결한 선이다. 5일이동평균선은 최근 5일 동안의 주가의 평균을 낸 수치를 이은 선이고 20일이동평균선은 최근 20일 동안의 주가의 평균을 낸 수치를 이은 선이다. 5일이동평균선을 단기추세선이라고 하고, 20일이동평균선은 추세선, 60일이동평균선은 수급선, 120일이동평균선은 경기선이라고 이야기한다.

이동평균선이 우상향 하는 경우는 주가의 움직임이 상승 방향이고 우하향하는 경우는 주가의 움직임이 하락 방향이다. 이동평균선이 상승 방향일 때는 이동평균선이 지지선의 역할을 하고 이동평균선이 하락 방향일 때는 이동평균선이 저항선의 역할을 한다.

이동평균선을 이용해 매매 타이밍을 찾을 수도 있다.

상승하던 주가가 하락추세로 전환돼, 상승하고 있는 주가이동평균선까지 밀리면 여기선 더 이상 밀리지 않고 다시 상승하는 경우가 많다. 이때는 매수 타이밍이다. 하락하던 주가가 상승추세로 전환되어 하락하고 있는 주가이동평균선까지 상승하면 여기선 더 이상 오르지 못하고 다시 하락하는 경우가 많다. 이때는 매도 타이밍이다.

하락하던 주가가 상승하던 이동평균선을 아래로 뚫고 내려가는 경우는 매도 타이밍이다. 반대로 상승하던 주가가 하락하던 이동평균선을 위로 뚫고 올라가는 경우는 매수 타이밍이다.

단기이동평균선이 장기이동평균선을 상향 돌파하는 경우를 골든크로스(Golden Cross)라고 한다. 이때는 매수 타이밍이다. 반면 단기이동평균선이 장기이동평균선을 하향 돌파 하는 경우를 데드크로스(Dead Cross)라고 한다. 이때는 매도 타이밍이다.

각종 이동평균선

주가 움직임 사이에 세 개의 실선이 보인다. 20일선, 60일선, 120일선이다. 5일선도 있긴 한데 주가와 거의 중복돼 보이지 않는다. 주황색이 20일선인데 20일선이 우상향으로 움직일 때는 주가가 하락하더라도 20일선에서 다시 상승 반전하고 20일선이 우하향으로 움직일 때는 주가가 상승하더라도 20일선에서 다시 하락 반전하는 것을 확인할 수 있다.

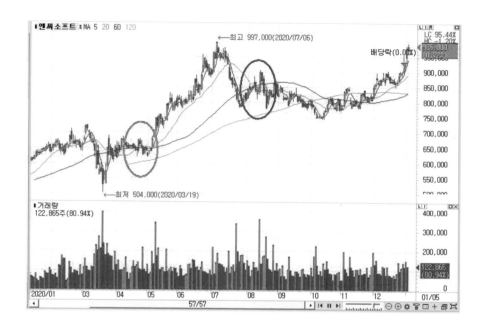

　그림에서 왼쪽 빨간색 동그라미 부분은 20일선이 60일선을 상향 돌파하는
골든크로스가 발생한 구간이다. 이후 주가는 65만 원대에서 99만 원까지 큰
폭으로 상승했다. 가운데의 파란색 동그라미 부분은 20일선이 60일선을 하향
돌파하는 데드크로스가 발생한 구간이다. 이후 주가는 85만 원에서 75만 원
까지 하락했다.

심리선

심리선(혹은 심리도)은 종목 혹은 주가지수의 상승일수에 따라 현재 시장의 심리가 어떤 상태인지를 알아보는 것이다. 심리선은 최근 10영업일 동안 주가가 상승한 날을 10으로 나누어 계산한다. 즉 10일 동안 하루도 빠짐없이 매일 올랐다면 100퍼센트가 될 것이고 하루도 빠짐없이 매일 빠졌다면 0퍼센트가 된다. 3일이 올랐으면 30퍼센트, 5일이 올랐으면 50퍼센트, 7일이 올랐으면 70퍼센트가 된다. 이렇게 계산된 심리선이 80퍼센트 이상이면 시장이 과열돼 있다고 판단하고 조만간 주가는 하향 조정을 보일 것으로 전망한다. 만일 20퍼센트 이하가 되면 시장이 침체돼 있다고 판단하여 주가는 상승 반전할 것으로 전망한다.

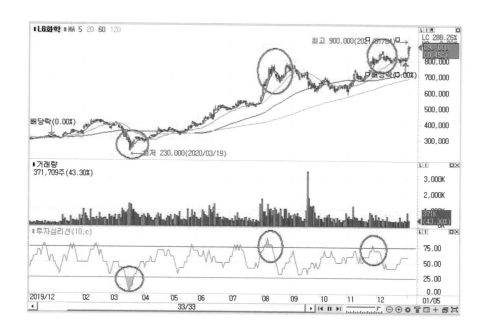

그림에서 왼쪽 동그라미는 심리선이 0퍼센트를 기록한 때다. 10일 동안 계속 주가가 하락했던 시기다. 이때 주가는 23만 원을 기록했다. 이후 주가는 상승 반전해 70만 원대까지 상승했다. 가운데 동그라미는 심리선이 90퍼센트를 기록할 때다. 이때 주가는 77만 원이었다. 이후 주가는 60만 원까지 하락한다. 오른쪽 동그라미는 심리선이 80퍼센트를 기록할 때다. 이때 주가는 84만 원을 기록했다.

신(新)심리선

심리선은 상승과 하락만 구분하기 때문에 1포인트 상승도 상승이고 100포인트 상승도 상승이다. 상승과 하락만 구분할 뿐 그 폭에 대한 반영은 되어 있지 않았다. 이를 감안해 신심리선이 개발되었다. 신심리선은 상승폭과 하락폭을 반영한 심리선이다.

신심리선은 '상승일수×상승폭비율−하락일수×하락폭비율'을 10으로 나누어 계산한다. 상승폭비율은 상승폭을 상승폭과 하락폭의 합계로 나눈 것이며 하락폭비율은 하락폭을 상승폭과 하락폭 합계로 나눈 것이다. 이렇게 계산한 값이 −0.5 이하면 침체 국면으로 판단해서 매수 타이밍으로 보고 +0.5 이상이면 과열 국면으로 판단해서 매도 타이밍으로 본다.

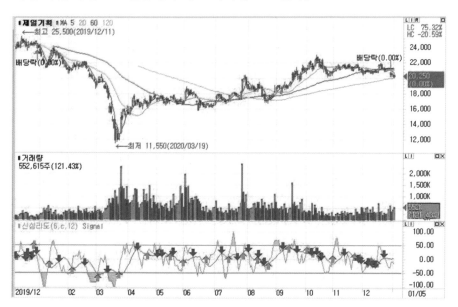

그림에서 빨간 화살표는 매수 타이밍이며 파란 화살표는 매도 타이밍이다. 전체적으로 모두 맞지는 않지만 그래도 상당 부분 적절한 것으로 판단된다.

이격도

이격도는 당일 주가를 이동평균선 주가로 나눈 것이다. 주가가 이동평균선과 얼마나 떨어져있느냐를 나타내는 수치다. 주가와 이동평균선이 같은 수치를 나타낸다면 100이 될 것이고 주가가 이동평균선보다 높은 위치에 있으면 100보다 크고 주가가 이동평균선보다 낮은 위치에 있으면 100보다 작을 것이다.

이격도가 주가를 예측하는 지표로 사용되는 것은 주가의 회귀 현상 때문이다. 주가가 오르거나 내릴 경우 그 폭이 크면 클수록 이동평균선으로 회귀하려는 속성을 가지고 있다. 주가가 이동평균선보다 높아 수치가 100보다 높게 나타날 경우 주가는 다시 하락하여 이동평균선 근처로 오게 되고 주가가 이동평균선보다 낮아 수치가 100보다 낮게 나타날 경우 주가는 다시 상승해 이동평균선 근처로 오게 된다. 그 수치가 크면 클수록 회귀하려는 속성 또한 더 크게 나타난다.

그래서 상승 국면일 때는 20일이동평균선의 106퍼센트 이상이면 매도 시점, 98퍼센트 이하면 매수 시점으로 보고, 60일이동평균선의 110퍼센트 이상이면 매도 시점, 98퍼센트 이하면 매수 시점으로 본다. 또한 하락 국면일 때에는 20일이동평균선의 102퍼센트 이상이면 매도 시점, 92퍼센트 이하면 매수 시점으로 보고 60일이동평균선의 104퍼센트 이상이면 매도 시점, 88퍼센트 수준이면 매수 시점으로 본다.

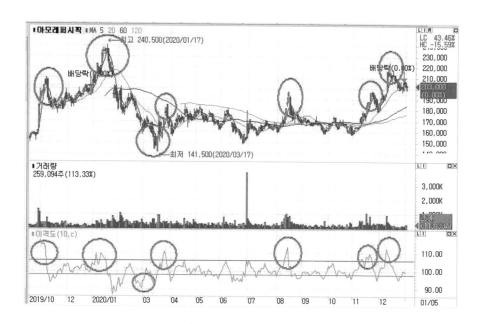

그림에서 이격도가 경계선 아래일 때는 주가도 저점이고 경계선 위일 때는 주가도 고점임을 확인할 수 있다. 2019년 10월 이격도가 110이 넘었을 때 주가는 21만 원 단기 고점을 기록했으며 2020년 3월 이격도가 90이었을 때 14만 원의 저점을 기록했다. 이후 2020년 8월과 11월 이격도가 110을 넘었을 때 주가는 20만 원 단기 고점을 기록했다.

매도 그래프와 매수 그래프

기술적 분석에서 전형적인 매도 그래프로는 쌍봉(雙峯), 헤드 앤 숄더(head and shoulder), 장대음봉(長大陰峯), 흑삼병(黑三兵) 등이 있다.

쌍봉은 고점에서 나타나는 모양으로 향후 급격한 하락으로 이어지는 경우가 많다. 두 개의 봉우리가 나란히 있다고 해서 이런 이름이 붙었다. 두 번째의 봉우리가 첫 번째 봉우리를 넘지 못하고 도로 하락하는 경우다. 여기서 첫 번째 봉우리는 주가가 상승해 갱신한 신고가일 때가 많다. 이런 상황에서 주가가 일시적인 조정을 받고 물량이 다 소화되자 다시 주가는 상승해 두 번째 봉우리를 만든다. 이때 향후 주가의 상승을 점치는 세력이 많으면 주가는 전(前)고점을 뚫고 상승할 것이다. 하지만 전고점 수준에서 머뭇거리면 지난 번

첫 번째 봉우리에서 미처 매도하지 못한 세력이 주식을 매도해 주가는 오히려 하락하게 된다. 여기에 이식 매물(사놓은 주식의 가격이 오를 때 차익을 얻으려고 파는 주식)까지 출현하면 주가의 하락 속도는 빨라진다. 첫 번째 봉우리에서의 거래량보다 두 번째 봉우리에서의 거래량이 줄어드는 특징이 있다.

헤드 앤 숄더는 '머리와 어깨' 모양이라고 하는데 봉우리가 세 개다. 첫 번째 봉우리가 왼쪽 어깨이고 가운데 봉우리가 머리고 세 번째 봉우리가 오른쪽 어깨다. 머리 부분인 가운데 봉우리가 제일 높다. 첫 번째 봉우리에서 신고가를 형성하고 두 번째 봉우리에서 신고가를 갱신하지만 힘 있게 올라가지 못한다. 이후 소폭 하락을 거쳐 다시 상승을 시도하지만 직전 고점에 도달하지 못하고 도로 하락하는 경우다. 거래량도 점차 감소한다. 이 경우도 주가의 하락폭이 크고 하락 기간도 길다.

장대음봉은 음봉의 길이가 긴 경우를 말한다. 고점에서 장대음봉이 나타나면 강한 매도 압력으로 작용해 향후 주가가 추가 하락하는 경우가 많다. 음봉의 길이가 길수록 향후 하락폭이 더 큰 경향이 있다. 주가가 고점인 상태에서 시가 이후 주가가 하락했다면 매물 압박을 받는 것이다. 낙폭이 크면 클수록 매물 압박은 더 강하다. 주가가 상당 부분 올라 매도 압력이 강해지고 있고 매물이 일시에 분출돼 향후 주가도 하락할 확률이 크다.

흑삼병은 고점에서 음봉이 세 개 연달아 나오는 모양이다. 매도 압력이 3일 이상 이어지는 경우로 이후에도 매도 압력은 지속적으로 이어질 것이 예상된다. 두터운 매도 세력 탓에 주가는 더 이상 상승하지 못하고 실망 매물까지 더해져서 상당 기간 하락하게 된다.

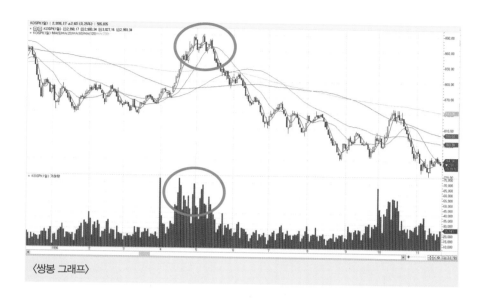

〈쌍봉 그래프〉

위 그래프에서 아래 거래량 부분을 살펴보면 거래량이 다른 때와 달리 크게 늘어난 것을 확인할 수 있다. 또한 첫 번째 거래량보다 두 번째 거래량이 줄어드는 것도 확인할 수 있다.

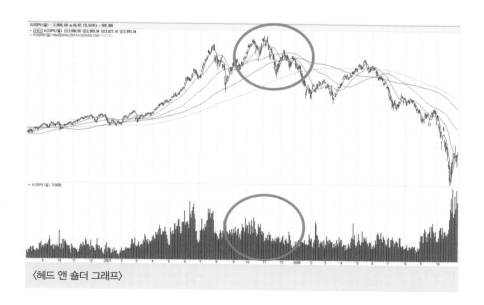

〈헤드 앤 숄더 그래프〉

앞의 그래프에서도 거래량이 점점 줄어드는 것을 확인할 수 있다.

〈장대음봉 그래프〉

장대음봉이 나온 이후 주가는 급격히 하락하는 모습을 보인다. 이후 여러 번 반등 시도가 엿보이기는 하나 결국은 하락추세로 전환되는 모습이다.

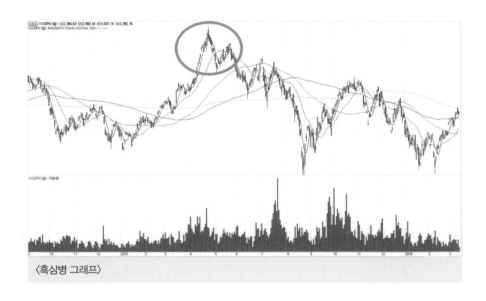

〈흑삼병 그래프〉

　기술적 분석가들은 장대음봉보다 흑삼병을 더 무게감 있게 받아들인다. 위 그래프에서도 흑삼병 이후 주가는 빠른 속도로 하락하는 것을 확인할 수 있다.

매수 그래프

　전형적인 매수 그래프로는 쌍바닥, 역 헤드 앤 숄더, 장대양봉 등이 있다.

　쌍바닥은 쌍봉과 반대다. 쌍봉 모양은 M자를 보이고 거래량이 줄어드는데 비해 쌍바닥 모양은 W자를 보이고 거래량이 늘어난다. 역 헤드 앤 숄더는 헤드 앤 숄더 모양이 뒤집어진 것이며 장대양봉은 바닥에서 긴 양봉이 생기는 경우다. 매도 그래프와 반대로 생각하면 될 것이다.

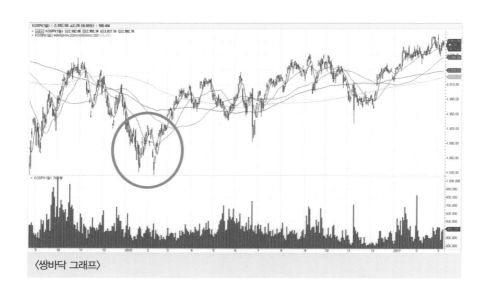

〈쌍바닥 그래프〉

위 그래프에서 쌍바닥 그래프는 W자 모양을 보이며 이후 주가는 상승추세
로 접어드는 것을 확인할 수 있다.

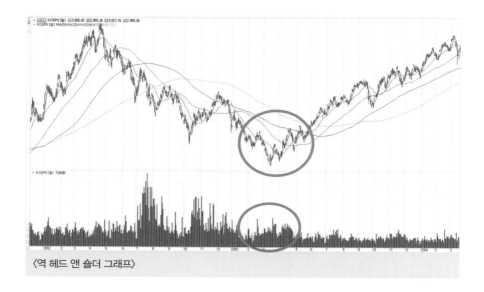

〈역 헤드 앤 숄더 그래프〉

위 그래프에서 역 헤드 앤 숄더 그래프의 거래량은 점점 증가하는 것을 확인할 수 있으며 주가 또한 추세적 상승으로 접어드는 것을 확인할 수 있다.

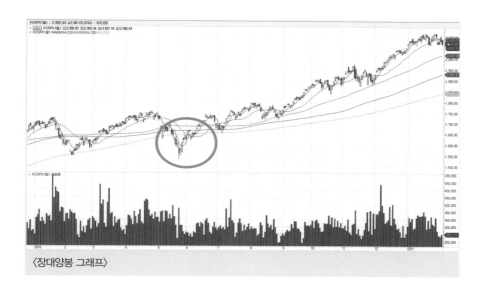

〈장대양봉 그래프〉

위 그래프에서도 장대양봉 이후 주가는 상승추세로 전환된 것을 확인할 수 있다.

주식은 미래의 가치를 보고 사는 것이다. 그런데 이렇게 미수를 내고 주식을 사면 미래의 가치를 사는 것이 아니라 불과 이틀 뒤의 가치를 보고 사는 셈이 된다. 당연히 실패할 확률이 높다.

chapter 6

주식 투자를 할 때
꼭 피해야 할 위험요소

하이 리스크 하이 리턴

하이 리스크 하이 리턴(high risk high return)이란 말은 누구나 한 번쯤은 들어 보았을 것이다. 리스크가 높은 만큼 수익도 높다는 말이다. 주식투자는 대표적인 하이 리스크 하이 리턴이라고 할 수 있다. 시황과 종목 선정에 따라 높은 수익을 올릴 수도 있지만 원금 손실의 위험도 상존하고 있다. 안전하면서도 수익이 높은 상품은 없다. 주식 투자를 시작할 때는 본인 스스로 어느 정도까지 리스크를 감수할 수 있으며 어느 정도의 수익을 원하는지 신중하게 판단해 보아야 한다.

리스크를 얼마나 줄이면서 수익을 창출해 내는가 하는 것이 핵심이다. 위험이 하나 만큼 늘어난다면 최소한 수익도 하나 이상은 늘어나야 투자 가치가 있다. 위험이 셋 늘어났는데 수익은 하나만 늘어났다면 투자하지 말아야 한다. 위험에 비해 높은 수익을 거둘 확률이 높을 때 투자에 나서야 하며 수익에 비해 위험의 확률이 높다면 포기해야 한다.

주식 투자에서 리스크 관리의 중요성은 아무리 강조해도 지나치지 않다. 하락률과 상승률의 차이 때문이다. 주가가 하락한 후 다시 상승할 때는 하락률보다 더 큰 상승이 있어야만 원금이 회복된다.

홍길동은 A주식을 5만 원에 샀는데 주가가 4만 원까지 하락했다. 하락률은 −20퍼센트다. 이 경우 본전이 되려면 주가가 20퍼센트만 상승하면 될까? 아니다. 4만 원에서 20퍼센트가 상승하면 4만8000원이다. 원금이 되려면 25퍼센트가 올라야 한다. 하락할 때에는 20퍼센트였지만 이를 만회하려면 이보다 5퍼센트 더 상승한 25퍼센트가 필요하다.

리스크를 최대한 줄여 가면서 투자에 임한다면 수익이 쌓이겠지만 리스크 관리에 소홀하면 열 번 벌어놓은 것을 한 번에 다 까먹을 수도 있다. 주식은 원금 손실의 부담을 안고 하는 투자 행위지만 가능하면 손실을 보지 않으려고 노력해야 한다.

리스크 관리를 하지 않으면

처음 주식시장에 뛰어든 개인 투자자는 거래소 종목을 중심으로 매매하는 경향이 있다. 그러다 손실을 보면 마음이 급해진다. 잃었던 돈을 빨리 되찾아야 한다는 강박관념에 휩싸여 마이너스 통장으로 대출을 받아 투자금을 늘리고 신용을 사용하거나 담보대출을 받기에 이른다.

이마저도 원활하지 않으면 미수를 내기도 하며, 그 다음에는 가격 탄력이 좋은 코스닥 종목에 눈을 돌린다. 코스닥 종목 중에서도 우량 종목을 중심으로 매매를 하면 다행이지만, 오로지 가격 탄력이 높은 종목만 찾는다.

코스닥 종목에서도 손실을 보면, 그동안의 손실을 한꺼번에 만회할 욕심에서 선물에 손을 대기 시작한다. 선물 투자의 레버리지를 노리는 것이다. 선물 투자는 전문적인 지식이 있어야 함에도 불구하고, 빨리 손실을 메우려는 욕심에 무작정 뛰어든다. 여기서도 손실을 보면 이제 옵션 투자로 눈을 돌린다.

옵션은 선물과 달리 시간 프리미엄이라고 하는 것이 존재하고, 프리미엄은 만기가 다가올수록 급격히 줄어든다. 이런 메커니즘을 잘 모르고 옵션에 투자한 사람은 결국 만기에 깡통을 찰 수밖에 없다. 주식이나 선물은 하락폭만큼만 손실을 보지만, 옵션은 프리미엄이 물거품이 되면 단 1원도 건질 수 없다. 모두 리스크를 제대로 관리하지 않은 탓이다.

주식 투자의 리스크에 항상 대비하라

주식 투자의 리스크는 크게 두 가지로 나눌 수 있다. 체계적 위험과 비체계적 위험이다. 체계적 위험은 흔히 시장위험이라고 하고 비체계적 위험은 흔히 개별위험이라고 한다.

체계적 위험은 주식시장 전체에 미치는 영향이다.

2020년의 코로나로 인한 전 세계적인 주가폭락이 대표적이다. 2020년 초부터 확산되기 시작한 코로나는 3월에 전 세계를 공포로 몰아넣었고 우리나라의 주가도 2200포인트에서 1400포인트 대까지 폭락했다.

이와 같이 어떤 종목에 무슨 문제가 있어서 주가가 하락하는 것이 아니라 시장 전체에 큰 악재가 발생해 주가가 하락하는 것이 체계적 위험이다.

비체계적 위험은 특정한 한 종목에 국한되는 위험이다. 자금 사정이 좋지 않아 부도가 발생했다든지, 생산 시설이 파괴되었다든지 하는 경우다. 주식 시장은 큰 변화가 없음에도 불구하고 특정 주가는 급락세를 보인다. 체계적 위험과 비체계적 위험은 서로 연관된 것이 아니라 각각 별도의 위험으로 간주된다.

위험 극복 방법

체계적 위험은 장기 투자로 극복할 수 있고 비체계적 위험은 분산 투자로 극복할 수 있다.

체계적 위험으로 주가가 하락할 때는 시간이 흐르면 다시 시장이 회복되고 따라서 주가도 전 수준을 회복한다. 앞의 그래프에서도 볼 수 있듯이 2020년 코로나 때문에 발생한 주가 폭락은 이후 빠른 속도로 회복됐고 심지어 더 크게 상승했다. 따라서 체계적 위험에 대한 처방은 시간이 약이다. 시간이 해결해 주기 때문에 그냥 기다리면 된다.

비체계적 위험은 분산 투자로 극복할 수 있다. 특정한 한 종목에만 투자하는 것이 아니라 여러 업종에 골고루 분산 투자해 놓으면 그 위험이 상쇄된다. 유가가 상승하면 항공사 주식에는 악재로 작용하겠지만 정유사 주식에는 호재로 작용할 것이다. 포트폴리오를 적절히 구축해 놓으면 비체계적 위험은 서로 상쇄할 수 있다.

우리가 리스크를 줄이려는 부분은 비체계적 위험에 관한 부분이다. 체계적 위험이라고 하는 것은 전혀 예상이 되지 않아 리스크를 감수할 수밖에 없지만 비체계적 위험은 어느 정도 예상할 수 있으므로 극복이 가능하다.

리스크 대비책을 강구하라

주식 투자에서 리스크 대비책은 크게 네 가지다.

첫째, 회피 전략이다. 리스크가 발생할 가능성이 있는 경우 주식을 보유하지 않음으로써 위험 발생 요인을 제거하는 전략이다. 주가가 상당 기간 하락할 것으로 예상되면 주식을 보유하지 않는 회피 전략을 구사한다.

둘째, 보유 전략이다. 불가피한 리스크라면 수용하는 전략이다. 체계적 위험은 보유 전략으로 대응한다.

셋째, 축소 전략이다. 손실 발생을 최소한으로 줄이거나, 발생했을 때 피해를 최대한 줄이는 전략이다. 주식의 포트폴리오를 구성해 종목 손실에 따른 피해를 줄이는 방법이 이에 해당된다. 비체계적 위험에 대한 대비책으로 유용하다.

넷째, 전가 전략이다. 감당하기 어려울 정도로 큰 위험이 발생했을 때 손실의 일부 또는 전부를 전가하는 전략이다. 선물, 옵션을 활용할 수 있다.

상승장과 하락장의 리스크 대비책

상승장에서는 수익을 내고 주식을 매도할 수 있는 기회가 많다. 이때는 무엇보다 '본인의 욕심'을 경계해야 한다. 주가가 올라갈 때는 마냥 올라갈 것으로 착각한다. 그래서 이격이 벌어진 종목이라도 쉽게 팔지 못하고 보유한다. 하지만 이격이 다시 좁혀지면 주가는 급격히 올라간 만큼 급격히 하락한다. 특히 소형주의 경우라면 더욱 더 조심하여야 한다. 상승장의 분위기에 편승해 주가가 급격히 오르다가도 어느 순간 균형이 깨지면 급락세로 돌변하기 때문이다.

지속적으로 상투의 징후도 살펴봐야 한다. 상투의 징후가 보이면 매도를 준비해야 한다. 주식시장이 상투라는 징후는 여러 곳에서 발견할 수 있다. 특정 종목이 아니라 주식시장 전체의 상투 징후는 TV의 9시 뉴스, 조간신문의 톱기사에서도 발견할 수 있다. TV의 9시 뉴스의 헤드라인 뉴스가 주식시장의 활황을 보도하는 것이라든지, 여기서 한 걸음 더 나아가 전문가라는 사람이 나와 장기호황을 이야기할 때가 나중에 보면 상투였다. 신문도 마찬가지다. 경제 신문이 아닌 일반 신문에서 증시 활황을 이야기하며 향후 상당 기간 이와 같은 상승세가 이어질 것이라는 분석 기사가 나오면 이 역시 상투의 징후다.

상승장과 달리 하락장에서는 손해를 보고 있는 경우가 많다. 보유하고 있는 주식에서 평가손이 나서 쉽게 매도하기 힘들다. 일단 하락장에서는 주식을 가지고 있는 기간보다 돈을 가지고 있는 기간을 길게 해야 한다. 주가가 과도하게 하락할 때 매수했다가 이동평균선이나 추세선에 닿을 때 매도하고 나와야 한다. 혹은 이동평균선이 상향으로 반전할 때 매수했다가 하락으로 반전할 때 매도하는 방법도 있다. 이때도 보유하고 있는 자금을 모두 매수하지 말고 30퍼센트 정도의 현금은 항상 보유하는 것이 좋다.

하락장에서 주의해야 할 점 또 한 가지는 호가에 집착하지 말라는 것이다. 하락장에서는 팔려고 마음먹었다면 꾸물대지 말고 바로 팔아버려야 한다.

또한 매도 호가에 매도 주문을 내지 말고 매수 호가에 매도 주문을 내야 한다. 만일 매도하고자 하는 수량이 매수 호가의 잔량을 넘어선다면 그 다음 매수 호가까지도 주문을 내야 한다. 하락장에서 한 호가 차이로 매도하지 못하고 이후 주가가 쭉 밀리는 경우가 허다하기 때문이다.

대박을 꿈꾸지 마라

　1999년, 새롬기술(지금의 솔본)의 주가는 1075원에서 13만5500원으로 폭등했다. 5개월도 안 되는 사이에 무려 126배가 오른 것이다. 2000년도에는 동특의 주가가 2770원대에서 27만8000원대까지 폭등했다. 정확하게 2개월 만에 주가는 거의 100배가 올랐다. 만약 누군가가 1999년 8월에 새롬기술을 100만 원어치 샀다가 2000년 1월에 팔고 이 돈으로 다시 동특을 사서 3월에 팔았다면 100만 원이 무려 126억 원이 되었을 것이다.

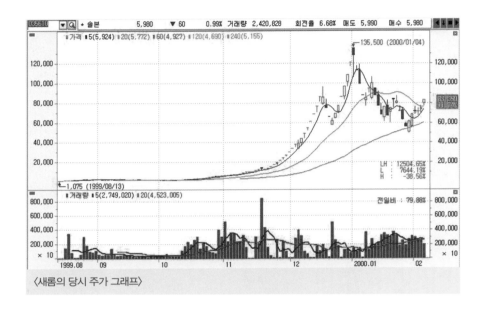

〈새롬의 당시 주가 그래프〉

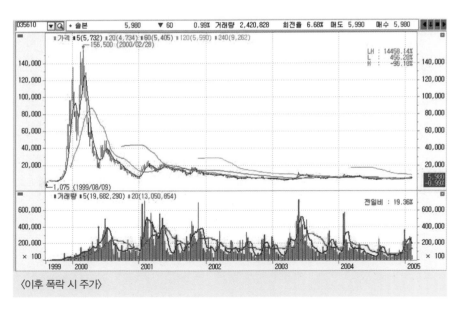

〈이후 폭락 시 주가〉

물론 이렇게 한 사람은 아무도 없다. 하지만 이런 이야기가 사람들의 입에 오르내리면서 주식에 투자하는 사람들은 자신도 모르게 대박을 꿈꾸는 경우가 많아지게 되었다. 루머 때문에 그리고 작전 때문에 폭등했던 종목의 말로는 비참했다. 대부분 퇴출돼 거래소에서 사라졌거나 20년이 지난 지금도 여전히 74퍼센트 혹은 98퍼센트의 손실을 보이고 있다.

〈개별종목의 기록적인 주가상승과 그 이후〉

종목명	최저가 (원)	최고가 (원)	상승률 (퍼센트)	2020년 12월 30일 주가	하락률 (퍼센트)
리타워텍	1,790	362,000	20,123퍼센트	퇴출	−100퍼센트
한국디지탈라인	545	51,500	9,350퍼센트	퇴출	−100퍼센트
새롬기술(솔본)	4,550	308,000	6,669퍼센트	6,050	−98퍼센트
VGX인터내셔날 (진원생명과학)	1,218	82,400	6,665퍼센트	21,550	−74퍼센트
싸이버텍	5,710	232,000	3,963퍼센트	퇴출	−100퍼센트
터보테크	1,400	48,500	3,364퍼센트	퇴출	−100퍼센트
장미디어	4,480	155,000	3,360퍼센트	퇴출	−100퍼센트

주식시장은 절대 대박을 꿈꾸는 시장이 아니다. 대박을 꿈꾸면서 투자에 나선다면 쪽박을 차기 쉽다.

주가가 폭등할 때도 큰 수익을 얻은 사람은 드물다. 주가가 10배 올랐다는 것은 제일 바닥에 사서 제일 꼭대기에 팔았다는 것이다. 실제로 이렇게 하는 사람은 아무도 없다. 차트를 보면 10배가 올랐어도 실제 투자자의 손에 쥐어지는 수익은 많아야 2~3배다. 이렇게 수익을 얻어도 다음 매매에서 절반 이상 손실을 보면 결국 원금이다. 주식에 투자할 때는 허황된 마음보다는 신중한 마음가짐이 필요한 이유다.

목표 수익률은 적절히 정하자. 많이 벌면 벌수록 좋겠지만 터무니없이 높은 수익을 목표로 하면 운신의 폭이 좁아진다. 상식적으로 생각할 수 있는 수익을 목표로 하자. 무리한 수익을 추구하기보다는 위험을 줄여 나가면서 정석 투자를 하다 보면 오히려 수익이 차곡차곡 쌓여 나갈 것이다.

몰빵 투자 하지 마라

일반 투자자 중에 오직 한 종목만 보유하고 있는 사람이 꽤 있다. 물론 보유하고 있는 한 종목에서 큰 수익이 난다면 더 바랄 것이 없겠지만 그 반대의 경우라면 난감할 것이다.

한 종목에 투자하는 경우와 나누어 투자하는 경우의 예를 들어 살펴보도록 하자.

2017년 마지막 주식 거래일인 12월 28일 종합주가지수는 2467.49포인트였으며 3년 뒤인 2020년 12월 30일의 종합주가지수는 2809.35포인트였다. 3년 동안 종합주가지수의 상승률은 13.9퍼센트였다. 2017년 삼성전자, 한전, POSCO, 신한지주 네 종목에 투자한 경우를 예로 들어보자.

날짜	2017. 12. 28	2020. 12. 30	상승률
종합주가지수	2467.49포인트	2809.35포인트	13.9퍼센트
삼성전자	50,950	81,000	59.0퍼센트
한전	37,500	27,400	−26.9퍼센트
POSCO	332,500	272,000	−18.2퍼센트
신한지주	49,400	32,050	−35.1퍼센트
평균상승률			−5.3퍼센트

　가장 높은 수익을 올린 종목은 삼성전자였으며 상승률은 59.0퍼센트였다. 가장 저조한 성과를 보인 종목은 신한지주의 −35.1퍼센트였다. 결과론적으로 이야기한다면 삼성전자를 사는 것이 가장 나았다. 하지만 이는 말 그대로 결과론적인 이야기다. 지나고 나서는 알 수 있지만 그 당시에는 알 수 없다. 만일 삼성전자를 선택하지 않고 신한지주를 몰빵 투자했으면 35.1퍼센트의 손실을 보았을 것이다. 종합주가지수의 상승폭 13.9퍼센트와 비교하면 49퍼센트의 격차다. 한전에 몰빵 투자했으면 26.9퍼센트의 손실을 보았을 것이다. 종합주가지수와 비교하면 42퍼센트의 격차다. POSCO에 몰빵 투자했으면 18.2퍼센트의 손실을 보았을 것이다. 종합주가지수와 비교하면 32퍼센트의 격차다. 삼성전자를 선택했으면 행복했겠지만 한전이나 POSCO, 신한지주에 투자했다면 큰 손실을 면하기 어려웠을 것이다.

　네 종목에 투자한 결과 평균상승률은 −5.3퍼센트로서 종합주가지수에 비해서는 저조한 결과다. 하지만 네 종목 중 세 종목이 각각 −18퍼센트, −27퍼센트, −35퍼센트씩 하락한 것에 비하면 양호한 수치다. 비록 손실을 보긴했지만 감내할 만한 수준이다.

저가주 몰빵 투자는 금물

그나마 위의 종목은 대형 우량주에 속하는 종목이라서 가지고 있으면 매년배당도 받을 수 있고 상승의 시기도 기다려볼 수 있다. 하지만 저가 부실주에몰빵 투자해서 큰 폭의 손실이 발생했다면 배당은커녕 보유 자체를 고민해야한다. 계란을 한 바구니에 담지 말라는 말이 있다. 넘어지기라도 한다면 계란이 모두 깨질 것이다. 그런 차원에서라도 주식은 여러 바구니에 나누어 담아야 한다.

빚내서 투자하지 마라

주식시장은 활황이고 남들은 주식해서 돈을 벌었다고 하고 인터넷에서는 수익 인증샷이 올라온다. 그런데 나는 투자할 돈이 부족하다. 돈은 1000만 원밖에 없는데 주식은 더 사고 싶다. 이럴 때 사용하는 것이 신용융자다. 신용융자란 증권사로부터 돈을 빌려서 주식을 사는 것이다. 신용융자 비율은 회사마다 다르지만 일반적으로 가지고 있는 돈만큼 융자해 준다. 예를 들어 돈이 1000만 원 있으면 증권회사에서 1000만 원을 융자해주어서 2000만 원어치 주식을 사는 식이다.

신용융자는 이 주식이 꼭 올라갈 것 같은데 돈이 부족하니까 돈을 빌려서 주식을 매수하는 것이다. 신용융자는 기한이 있다. 그 기한 동안만 사용해야 하고 기한 이자도 내야 한다. 일반적으로 3개월 정도의 기간을 주고 기간에 따라 차등 이율을 적용받는다. 만약 3개월이 지나면 주식을 팔든지 아니면 빌린 돈만큼 상환해야 한다. 이도 저도 되지 않을 때는 신용 연장을 하는 경우도 있다. 하지만 손해 보고 있는 주식을 신용 연장해서 이익을 보는 일은 경험적으로 별로 많지 않다.

신용융자 이자는 융자 사용 기간에 따라 다르다. 교보증권을 살펴보았더니 7일 이내는 4.8퍼센트, 8~15일은 5.8퍼센트, 16~30일은 6.8퍼센트, 31~60일은 7.8퍼센트, 61~90일은 8.8퍼센트, 91일 이상은 9.8퍼센트를 적용하고 있었다.

담보대출이라고 하는 것도 있다. 내가 가지고 있는 주식을 담보로 잡고 증권회사에서 돈을 빌리는 것이다. 이 돈으로 다른 주식을 매수할 수 있다. 증권사에서 받는 담보대출 이율은 교보증권이 8.75퍼센트였다. 증권사에서는 담보대출을 고객들이 원하는 만큼 해주지 못한다. 증권회사에서도 대출해줄 수 있는 한도가 있기 때문이다. 그래서 증권사 대신 ○○스탁론이라는 사설 업체에서 담보대출을 받는 경우도 있다. 사설 업체에서는 원금 포함 ○배까지 대출이 가능하다며 마케팅하지만 결국은 다 빚이다. 특히 사설 업체의 담보대출 이율은 최고 24퍼센트에 이르기 때문에 이자 부담에서 벗어나기 힘들다.

미수

미수란 본인이 보유하고 있는 돈보다 더 많은 주식을 매입하는 경우에 발생한다. 주식 매매의 결제가 3일 결제이다 보니 주식을 산 후 3일 내에만 입금하면 된다. 만일 3일 내에 입금하지 못하면 4일째 되는 날 아침 동시 호가에 부족 부분만큼 반대 매매가 나간다. 반대 매매는 시장에서 팔리는 가격으로 주문이 나가므로 투자자에게 불리한 시세를 적용받는다. 대형주는 반대 매매로 나가는 물량이 동시 호가에 영향을 미치는 일이 거의 없지만 소형주는 반대 매매로 나가는 물량이 종종 동시 호가에 영향을 미친다.

주식은 미래의 가치를 보고 사는 것이다. 그런데 이렇게 미수를 내고 주식을 사면 미래의 가치를 사는 것이 아니라 불과 이틀 뒤의 가치를 보고 사는 셈이 된다. 당연히 실패할 확률이 높다.

미수거래와 신용거래는 사용하지 말고 자신의 투자 금액 내에서만 투자해야 한다. 섣불리 레버리지 효과를 누리려 하지 말고 본인의 투자 한도를 지켜나가야 한다. 주식 투자는 마음이 느긋한 사람이 승리한다. 마음이 느긋하려면 자신의 돈만으로 투자할 필요가 있다.

저가주 사지 마라

저가주란 말 그대로 주가가 싼 주식을 이야기한다. 주식시장에서 저가주란 일반적으로 액면가 미만을 이야기한다. 저가주는 내재 가치가 부실하고 무언가 부족한 부분이 많은 회사다. 계속 적자를 내서 자본 잠식의 우려가 있다든지, 사양 산업이 돼 성장성이 떨어진다든지 하는 불리한 조건을 가진 회사 중에 저가주가 많다. 결론부터 말해서 부실기업인 저가주는 투자 종목으로 적합하지 않다.

하지만 일반 투자자 중에는 저가주를 찾는 사람이 많다. 그러면서 많은 수량의 주식을 샀다며 뿌듯해 한다. 10만 원짜리 주식 100주를 사는 것보다 1000원짜리 주식을 1만 주 산다.

1000원짜리 주식을 1만 주 산 사람에게 물어보았다.

"왜 10만 원짜리 주식을 100주 사지 않고, 1000원짜리 주식을 1만 주 사세요?"

그러면 항상 같은 답이 돌아온다.

"그래야 수익이 더 나잖아요."

하지만 결론부터 말해서 이는 명백한 착각이다. 고가주의 상한가 폭이 저가주의 상한가 폭보다 낮다면 이러한 대답은 설득력이 있겠지만 현재 우리나라 주식시장의 가격 제한폭은 고가주나 저가주 관계없이 모두 30퍼센트다. 저가주에 투자해야 더 수익이 난다는 것은 심리적인 착각일 뿐이다. 물론 저가주는 탄력적인 면에서 고가주를 압도한다. 주가가 상승할 때는 껑충껑충 뛰어서 짜릿한 쾌감을 느끼게 해준다. 하지만 하락할 때에는 텀벙텀벙 빠져서 사람 속을 아주 시꺼멓게 만든다.

사고 팔 때에도 저가주는 불편하다. 저가주 중에서 세력이 개입된 주식은 급격한 상승곡선을 그리면서 올라간다. 쫓아가며 사기가 곤란하다. 올라갈 때도 급격하게 올라가지만 내려갈 때도 급격하게 내려간다. 저가주에 투자하면 주가가 올라가도 늘 긴장상태다. 매도 타이밍에 따라 수익이 큰 차이가 나기 때문에 언제 팔아야 할지 정하는 게 엄청난 스트레스로 다가온다. 나름대로 신경 써서 판다고 해도 주가가 더 오르는 경우도 많고, 자칫 방심하면 금방 폭락해 버린다. 매매 타이밍을 맞추기란 사실상 불가능하다. 저가주의 그래프를 지나고 나서 보면 엄청난 수익을 올릴 수 있는 기회가 있었던 것처럼 보인다. 하지만, 실제로 매매 내용을 보면 그 상승폭의 반은커녕 20~30퍼센트 밖에 취하지 못하는 경우가 허다하다. 한마디로 저가주는 사람 애간장을 태우는 주식이다.

비쌀 때 사고 쌀 때 팔라

비쌀 때 사고 쌀 때 팔라는 이야기는 꽤 깊은 의미가 함축되어 있다. '현재의 주가'가 싼 것인지 비싼 것인지는 알 수 없다는 뜻이다. 싸다고 생각해서 산 주식이 더 하락하기도 하고 비싸다고 생각해서 판 주식이 더 상승하기도 한다. 주가가 너무 높아 위험해 보이는 주식이 더 오르고, 주가가 낮게 떨어져 더 이상 떨어질 곳도 없을 것 같은 주식이 더 하락하는 경우도 많다. 그래서 주가가 올라가면 좀 비싸게 보이더라도 매수하고, 주가가 하락하면 좀 싸게 보이더라도 매도하라는 것이다.

저가주는 비록 싸 보이더라도 더 하락할 확률이 크다. 그렇다면 지금 현재의 주가가 결국은 저가(低價)가 아니라 고가(高價)가 되어 버린다.

작전주는 사지 마라

주식 투자에 나선 사람이라면 누구나 '작전주'라는 단어를 들어본 적이 있을 것이다. 작전주란 기업의 본질 가치보다 수급의 공백을 이용한 방법으로 특정 세력이 의도적으로 가격을 올리는 주식을 이야기한다. 따라서 대형주보다 소형주가 주로 타깃이 된다. 대형주는 자본금이 커서 상장주식 수도 많고 또 유통 물량도 많아 충분히 물량을 확보하기 어렵다. 반면 소형주는 자본금이 작아 상장주식 수도 적고 또 유통 물량도 적어 물량을 충분히 확보할 수 있기 때문이다.

작전주라는 단어에서 풍기는 그 짜릿한 맛으로 많은 초보 투자자가 작전주에 편승해 높은 수익을 내려고 한다. 하지만 작전을 주도하는 세력은 초보 투자자에게 수익을 제공할 만큼 그렇게 마음씨 좋고 선량한 사람이 아니다. 작전을 주도하는 세력은 피도 눈물도 없는 사람들이다. 철저하게 수급을 분석하고 재료를 정리하고 시황을 이용해 주가를 끌어올린다. 개미 투자자가 많이 달라붙는다 싶으면 의도적으로 흔들어 개미 투자자들이 주식을 털게 만든다. 그래도 안 털리면 아예 작전을 포기하기도 한다. 작전을 할 정도의 세력이라면 주식시장에서 잔뼈가 굵을 대로 굵은 사람들이다. 작전주를 매수해서 적당히 수익 내고 나오겠다는 것은 이런 고수들과 싸우겠다는 의미인데 성공 확률은 희박하다.

작전은 어떻게 진행되는가

여기서 작전이 어떤 식으로 진행되는지 시나리오를 간단하게 이야기해 보기로 하자.

가장 먼저 해야 할 일은 작전 종목 선정이다. 소형주 중에서 이슈로 삼을 만한 재료가 있어야 하고, 대주주의 물량이 쏟아지지 않을 회사를 중심으로 종목을 고른다. 주가를 인위적으로 끌어올리는데 만일 대주주의 거대한 물량이 쏟아진다면 작전은 열에 아홉은 실패한다. 대주주의 많은 물량을 받아낼 돈이 없는 것이 첫째 이유고, 둘째 이유는 그렇게 물량을 받았더라도 떠넘길 데가 없기 때문이다.

이렇게 작전 종목이 선정되면 다음에는 최대한 저가에 물량을 확보한다. 짧게는 수주일부터 길게는 수개월에 걸쳐 다른 사람들이 눈치채지 못하게 확보한다. 만일 물량을 확보하는 과정에서 정보가 새어 나가면 위에서 이야기한 대로 그냥 엎어버리는 경우가 많다.

물량 확보가 거의 끝나갈 즈음에는 소문을 내는 단계다. 투자자의 주목을 끌기 위해 최대한 빠르게 주가를 끌어올린다. 그리고 하루 정도 더 지나면 단기 고점이 형성되면서 작전 세력은 일부 물량을 갑작스럽게 매도해 주가를 끌어내리기도 한다. 주가가 올라가는 것을 보고 따라서 매수에 가담한 일반 투자가에게 공포심을 유발하려는 목적이다. 대규모 물량이 나오면 투매가 형성돼 주가는 원위치하게 된다. 이 과정에서 떡고물 좀 얻어먹으려던 개인 투자자는 상당 부분 정리된다. 이러면 작전 세력은 한층 수월하게 가격을 조절할 수 있게 된다. 이후 작전 세력은 주가를 거의 수직으로 상승시킨다. 일단 한번 상한가가 만들어지면 그 다음 날은 여러 가지 양상으로 시세가 형성되는데 장 전반적인 분위기가 좋을 때는 그 다음 날 시가로 상한가가 형성되면서 며칠간 상한가로 연결되기도 한다. 1999년도의 코스닥이 이런 케이스였다.

이렇게 가격을 통제하다가 상한가에서 자신의 물량을 처분할 수 있는 만큼 이상의 물량이 있으면 매도하고 그 이하의 물량이 있으면 가장 매매를 통해 야금야금 팔기도 한다.

작전 세력에 의해 주가가 오른 대표적인 예로 2007년의 UC아이콜스를 들 수 있다. UC아이콜스는 2006년 7월 1860원의 주가가 2007년 4월 2만8000원까지 상승했다. 하지만 이때를 고점으로 이후 지속적인 하한가를 기록하고 8

개월 뒤인 12월에는 고점의 100분의 1 수준인 285원까지 하락했다. 작전주는 모두 뒤끝이 좋지 않다는 공통점이 있다.

또 한 가지, 2021년 현재 한국거래소의 시장 감시 전산시스템이 상당히 잘 되어 있다. 요즘에도 이렇게 작전을 펼치다가는 금방 레이다 망에 포착된다. 작전주는 처음부터 꿈도 꾸지 말자.

적자 기업은 사지 마라

일본에서 경영의 신으로 추앙받는 마쓰시타 고노스케(松下幸之助)는 우리가 잘 아는 파나소닉을 세운 인물이다. 그는 "기업의 이익이란 회사가 사회에 공헌하고서 사회로부터 받는 사례금"이라고 규정했다. 기업이 사회 번영을 위해 좋은 제품과 깔끔한 서비스를 하면 그 보상으로 받는 대가가 기업이윤이라는 논리다. 그래서 파나소닉에서는 "회사가 이익을 내지 못하는 것은 사회에 공헌하지 못하는 죄를 짓는 것과 마찬가지"로 생각한다.

비슷한 이야기를 지금은 돌아가신 현대그룹 창업주 정주영 회장도 한 적이 있다. 그분께서는 노골적으로 "기업이 이익을 내지 못하는 것은 죄악이다"라고까지 표현하였다.

이런 예를 들지 않더라도 기업이 적자를 기록한다는 것은 매우 심각한 문제다. 더군다나 한 해의 적자에 끝나지 않고 몇 해 동안 이어진다면 더욱 더 심각한 문제다. 이런 기업은 기업으로서의 존재 가치를 처음부터 다시 한 번 생각해 봐야 할 것이다.

물론 예외도 있다. 사업 초기에 인프라를 구축하기 위해 적자를 기록하지만 곧 흑자로 돌아설 것이라는 전망이 있으면 상관없다. 대표적인 회사가 쿠팡이다. 쿠팡은 설립 이후 적자상태가 계속 이어지고 있다. 손정의 소프트뱅크 회장으로부터 3조3천억을 투자받았지만 최근 3년간 누적적자가 5조원 대다. 그럼에도 불구하고 높은 가치평가를 바탕으로 미국의 주식시장에 상장되었다. 비록 지금은 적자를 보이고 있지만 높은 시장점유율을 바탕으로 곧 흑자로 전환할 것이 기대되기 때문이다. 하지만 이는 아주 예외적인 경우다.

주식시장에서 퇴출되는 종목의 공통점은 모두 적자 기업이라는 것이다. 적자가 누적되면 자본 잠식이 되고, 자본 잠식에서 벗어나지 못하면 관리종목 편입이 되고, 여기에서도 벗어나지 못하면 결국은 주식시장에서 사라지는 것이다. 그래서 적자 기업은 예비 퇴출 종목이라고 인식하는게 맞다고 봐야 한다.

적자 기업에 대한 투자를 조심해야 하는 또 다른 이유는 주가의 흐름이 매우 불안정하다는 것이다. 기업 본래의 가치보다 대외 변수에 의해 주가가 움직인다. 주가의 예측이 전혀 불가능해진다. 실적이 좋아져서 주가가 오르는 것이 아니라 유력 대선후보와 친하다는 이유로 주가가 상한가를 기록하기도 하고, 실적이 나빠서 주가가 내리는 것이 아니라 대선후보의 선호도가 낮아져 폭락하기도 한다. 피혁 생산업체인 덕성은 2018년 20억의 적자, 2019년 19억의 적자를 기록한 회사다. 2021년 3월, 6천원의 주가가 갑자기 1만2천 원으로 며칠 사이에 2배로 올랐다. 대표이사와 사외이사가 대권유력주자로 꼽히는 전(前)검찰총장과 서울대 법대 동문이라는 이유다. 2018년 44억의 적자를 기록하였다가 2019년 7억 이익으로 흑자 전환한 NE능률은 교육서비스 기업이다. 3천 원이던 주가가 4일 만에 7천 원까지 상승하였다. NE능률의 최대주주가 대권유력주자로 꼽히는 전(前)검찰총장과 같은 파평 윤씨 종친회 소속이란 것이 이유였다.

기업의 내재 가치와 전혀 관계없이 주가가 움직이는 대표적인 경우다. 이런 연고로 적자 기업은 아예 처음부터 투자 대상에서 제외하고 생각해야 한다. 결산기를 앞두고 예상 실적이 신문 전면에 나오는 경우가 있다. 이때 신문을 펼쳐놓고 적자 기업은 모두 체크해 투자 대상 종목에서 제외하는 것도 한 방법이다.

기준은 영업이익

적자 기업을 분류할 때에는 순이익을 기준으로 하지 말고 영업이익을 기준으로 해야 한다. 영업이익은 흑자인데 특별손실이 크게 발생해 적자가 되었다면 이 기업을 적자 기업으로 분류할 필요 없다. 반대로 영업이익은 적자인데 영업외이익이나 특별이익이 크게 발생해 흑자가 되었다면 이 기업은 실질적인 적자 기업으로 분류해야 한다. 특히 순이익의 규모가 작은 경우에는 필히 영업이익을 확인해야 한다. 억지로 끼워 맞추는 경우가 많기 때문이다. 또한 특별이익, 특별손실의 규모가 큰 경우에는 어떤 연유로 그 수치가 크게 나타났는지도 조사해 봐야 한다. 상장회사에는 주식 담당자가 있어서 전화해서 물어보면 자세히 알려준다. 이렇게 두 번 세 번 영업이익을 강조하는 이유는 대부분의 투자자가 영업이익은 보지 않고 순이익만 보기 때문이다.

적자에서 흑자로 돌아서면 주가의 상승폭은 상당할 것이다. 그래서 흑자 전환 기업에 대한 인기는 상당하다. 하지만 중요한 것은 그 기업이 흑자 기조로 확실히 전환했느냐 하는 것이다. 적자에서 흑자로 전환된 기업 중에 그 다음 해에 다시 적자로 전환된 경우를 많기 보았다. 따라서 한 해 흑자로 전환되었다고 관심을 가지기보다는 그 추이를 지켜보는 것이 중요하다. 예를 들어 연간순이익 규모가 늘어난다든지, 그 증가율이 계속 상승한다든지 하는 수치가 확인되면 된다. 이런 수치가 확실히 정착이 되면 그때 매수해도 늦지 않다.

공매도 세력은 주가를 하락시키려고 기업 가치를 왜곡하거나 허위 소문으로 투자자의 불안 심리를 자극하기도 한다. 주가를 억지로 올리려고 호재성 루머를 퍼트리는 것도 위법한 것이지만 주가를 억지로 내리려고 악재성 루머를 퍼트리는 것도 위법이다.

chapter 7

주식 투자
기본 용어

한국거래소

한국거래소는 여의도에 위치하고 있다. 일본에는 동경거래소 외에도 오사카거래소 등 몇 군데가 있지만 우리나라는 한국거래소 한 군데밖에 없다. 주식을 매매하려면 한국거래소의 회원인 증권회사를 통해야만 한다.

한국거래소에는 유가증권 시장과 코스닥 시장 그리고 코넥스 시장이 있다. 유가증권 시장은 우리가 흔히 거래소 시장이라고 부르는 시장으로 가장 대표적인 우리나라의 주식시장이다.

한국거래소의 전신은 일제 강점기에 생긴 조선증권거래소다. 조선증권거래소는 해방 이후 미군정에 의해서 해산되었고 1947년 초기 증권시장의 뿌리라고 할 수 있는 증권구락부가 탄생하였다. 증권구락부는 증권거래소의 개설을 희망하였지만 해방 이후 어수선한 사회분위기에서 쉬운 일은 아니었다. 증권거래소의 대안으로 증권회사의 설립이 추진되었으며 1949년 우리나라 최초의 증권회사인 대한증권(지금의 교보증권)이 탄생하게 된다. 조선증권거래소 해산 후 중단되었던 증권 거래는 이렇게 대한증권을 통하여 비로소 법적으로 허가된 장소에서 이루어졌으며 1956년 3월 대한증권거래소라는 이름으로 출범했다. 당시 거래 종목은 시중은행과 한국전력 등 12개사에 불과했고 그나마 대부분을 정부가 소유하고 있어 실제 유통되는 물량은 거의 없었다. 그래서 주식보다는 채권 거래가 주를 이루었다. 이후 경제개발 5개년 계획 추진과 함께 효율적으로 산업 자금을 조달하려는 정부의 자본시장육성책과 기업공개정책에 힘입어 크게 성장했다. 1970년대에는 거래소 플로어에 포스트라고 하는 곳을 만들어 매매하다가 1997년부터는 전 종목을 전산 시스템으로 매매하고 있다.

거래 규모와 시가총액이 세계 10위권이며 비교적 규모가 있는 기업이 상장되어 있다. 우리가 일반적으로 알고 있는 삼성전자, 현대자동차 같은 대기업은 대부분 유가증권 시장에 있다.

코스닥(KOSDAQ)

코스닥 시장은 미국의 나스닥(NASDAQ)을 벤치마킹해 1996년 7월 1일 개설됐다. 벤처기업, 중소기업 중심으로 이루어져 있으며 등록 요건은 거래소 시장에 비해 덜 엄격하다. 1999년 5월, 코스닥 시장 활성화 방안이 발표되었고 하나로통신, SBS 등 인지도 높은 기업이 상장했다. 전 세계적인 벤처투자 열기와 경기 회복에 대한 기대감 그리고 저금리가 맞물리면서 코스닥 시장은 큰 폭으로 성장했다. 특히 벤처기업을 중심으로 거래 비중이 급증하면서 코스닥 열풍이 불기도 했다.

코스닥 열풍을 대표하는 종목은 새롬(지금의 솔본)이었다. 당시 새롬은 인터넷전화 서비스의 성장성이 부각되며 주가가 크게 올랐다.

당시 새롬의 시가총액 규모는 2조4600억 원으로 현대중공업(2조4450억 원)보다 많았다. 당시 현대중공업은 3만 명에 달하는 직원에 매출액은 무려 6조9597억 원으로 세계 최대 규모의 조선소를 보유한 회사였다. 그런데 그런 회사보다 직원 수가 고작 58명인 새롬의 시가총액이 더 컸던 것이다. 또한 당시 그룹사 시가총액 순위 7위던 쌍용그룹(2조2800억)보다 더 컸다. 당시 코스닥 열풍은 여름밤의 폭죽같이 화려했지만 그 불빛이 다하자 힘든 시절이 찾아왔다.

코넥스

코넥스(KONEX, Korea New Exchange)는 자본시장을 통해 초기 중소·벤처기업의 성장을 지원하고 모험 자본의 선순환 구조를 구축하기 위해 개설된 초기·중소기업 전용 신시장이다.

우리나라 중소기업의 자금 조달 현황을 살펴보면 대부분 은행 대출에 편중돼 있고 주식 발행을 통한 자금 조달은 별로 없다. 이 때문에 중소기업 등 비상장 기업의 부채비율이 높아지고 이자 비용 부담도 상장 기업에 비해 과도

한 실정이며 은행의 대출 정책 변화에 따라 기업의 존립이 위협받을 수 있는 가능성도 있다. 이러한 이유로 초기 중소기업에 최적화된 증권시장의 필요성이 제기되었으며 초기 중소기업 특성을 반영한 시장 제도를 마련하려면 기존 증권시장을 활용하기보다는 처음부터 새로 설계하는 것이 용이하다는 판단 하에 코넥스 시장이 개설됐다. 2020년 12월 30일 기준으로 143개 회사의 주식이 상장되어 있다.

필자는 증권회사의 임원으로 근무할 당시 코넥스시장 상장을 기념하는 행사를 한국거래소 플로어에서 치른 적이 있다. 위 사진이 그때의 기념사진이다.

발행시장과 유통시장

　발행시장은 투자자에게 주식을 발행하고 자금을 모으는 시장이며, 유통시장은 발행된 주식이 유통되는 시장이다. 우리가 일반적으로 주식시장이라고 이야기할 때는 유통시장을 말한다.

　주식이 발행돼 시장에서 거래되려면 상장 단계를 거쳐야 한다. 유가증권시장에 상장하려면 자기자본은 300억 원 이상, 상장주식 수는 100만 주 이상이 되어야 한다. 일반 주주는 700명 이상이 되어야 하며 매출액은 최근 1000억 원 이상 및 3년 평균 700억 원 이상, 기준 시가총액은 2000억 이상이다. 그리고 설립 후 3년 이상이 경과되어야 하며 지속적인 영업 활동이 있어야 한다. 또한 감사 의견은 최근 적정, 직전 2년 적정 또는 한정이어야 한다.

〈유가증권시장 상장요건〉

규모 요건 (모두)	기업규모	자기자본 300억 원 이상
	상장주식 수	100만 주 이상
분산 요건 (모두)	주식 수	다음 중 하나만 충족하면 됨 1. 일반주주소유비율 25퍼센트 이상 또는 500만 주 이상 　(다만, 상장 예정 주식 수 5000만 주 이상 기업은 상장 예정 주식 　수의 10퍼센트 해당 수량) 2. 공모 주식 수 25퍼센트 이상 또는 500만 주 이상 　(다만, 상장 예정 주식 수 5000만주 이상 기업은 상장 예정 주식 　수의 10퍼센트 해당 수량) 3. 자기자본 500억 이상 법인은 10퍼센트 이상 공모하고 자기자본 　에 따라 일정 규모 이상 주식 발행 　• 자기자본 500억~1000억 원 또는 기준 시가총액 1000억 　　~2000억 원: 100만 주 이상 　• 자기자본 1000억~2500억 원 또는 기준 시가총액 2000억 　　~5000억 원: 200만 주 이상 　• 자기자본 2500억 원 이상 또는 기준 시가총액 5000억 원 이 　　상: 500만 주 이상 4. 국내외 동시 공모 법인은 공모 주식 수 10퍼센트 이상 그리고 국 　내 공모 주식 수 100만 주이상
	주주수	일반 주주 700명 이상
	양도제한	발행 주권에 대한 양도 제한이 없을 것
경영 성과 요건 (택1)	매출액 및 수익성	1. 매출액: 최근 1000억 원 이상 및 3년 평균 700억 원 이상 그리고 2. 최근 사업 연도에 영업이익, 법인세 차감 전 계속 사업 이익 및 당 　기순이익 각각 실현 그리고 3. 다음 중 하나 충족 　• ROE: 최근 5퍼센트 그리고 3년 합계 10퍼센트 이상 　• 이익액: 최근 30억 원 그리고 3년 합계 60억 원 이상 　• 자기자본 1000억 원 이상 법인: 최근 ROE 3퍼센트 또는 이익 　　액 50억 원 이상이고 영업현금흐름이 양(+)일 것
	매출액 및 기준 시가총액	• 최근 매출액 1000억 원 이상 그리고 • 기준 시가총액 2000억 원 이상 *기준 시가총액 = 공모가격 × 상장 예정 주식 수
	기준 시가총액 및 이익액	• 기준 시가총액 2,000억 원 이상 그리고 • 최근 이익액 50억 원 이상
	기준 시가총액 및 자기자본	• 기준 시가총액 6000억 원 이상 그리고 • 자기자본 2000억 원 이상

안정성 및 건전성 요건	영업활동 기간	• 설립 후 3년 이상 경과 그리고 계속적인 영업활동 (합병 등이 있는 경우 실질적인 영업활동 기간 고려)
	감사 의견	• 최근 적정, 직전 2년 적정 또는 한정 (감사 범위 제한에 따른 한정 의견 제외)
	매각제한 (보호예수)	• 최대 주주 등 소유 주식 그리고 상장 예비심사 신청 전 1년 이내 최대 주주 등으로부터 양수한 주식: 상장 후 6월간 • 상장 예비심사 신청 전 1년 이내 제3자 배정 신주: 발행일로부터 1년 간. 단, 그날이 상장일로부터 6월 이내인 경우에는 상장 후 6월간

상장 절차는 먼저 주관 증권사와 계약을 체결하고 상장 예비심사를 거친 후 증권신고서 제출, 공모, 상장신청서 제출, 상장 승인 통보, 상장 및 매매 거래 개시 순으로 이루어진다.

공모주

이 과정에서 공모주가 등장한다. 공모주란 기업 공개 시 불특정 다수의 투자자로부터 자금을 모집할 것을 목적으로 발행되는 주식을 말한다. 공모주 청약이란 공모주를 원하는 투자자로부터 신청을 받는 것을 말한다. 공모주 청약과 관련된 사항은 증권회사가 자율적으로 정하고 있다.

공모주 청약이 있다 하더라도 아무 증권사나 가면 안 된다. A라고 하는 기업의 공모주 청약이 있는 경우 삼성증권에서는 취급하지만 교보증권에서는 취급하지 않는 경우도 있고 그 반대의 경우도 있다. 따라서 공모주 청약 시는 어느 증권사에서 취급하고 있는지 파악해서 그 증권사에 가서 신청해야 한다. 공모하고 있는 기간 중에 해당 증권사 지점을 방문하든지, 아니면 인터넷으로 참여하면 된다.

2020년의 공모주 중 최대의 관심 종목은 SK바이오팜이었다. SK바이오팜의 공모가는 4만9000원이었는데 첫날 상한가를 기록하여 12만7000원을 기록하고 둘째 날, 셋째 날 연속으로 상한가를 기록해 21만4500원까지 상승했다. 이후에도 상승세가 이어져 21만7000원의 고가를 기록하기도 했다. 공모가 대비 4.4배 상승한 것이다.

SK바이오팜에 이어 카카오게임즈의 공모도 사람들의 관심을 끌었다. 카카오게임즈의 공모가는 2만4000원이었는데 첫날 상한가를 기록해 6만2400원을 기록하더니 다음날도 상한가를 기록해 8만1100원을 기록했다. 공모가 대비 3.4배의 상승을 보인 것이다. 하지만 모든 종목이 이렇게 상승하는 것은 아니다. 오히려 공모가보다 하락하는 종목도 많고 또 초반에 반짝 상승했다가 이후 하락세가 이어지는 경우가 있어 주의해야 한다.

종합주가지수

종합주가지수는 1980년 1월 4일을 100포인트로 기준을 정해서 산정된다. 1월 1일이 아닌 1월 4일이 기준인 이유는 1980년 당시는 구정이 아닌 신정 3일을 쉬었기 때문이다.

1980년 100으로 출발한 종합주가지수는 1981년 93포인트까지 하락했다. 이후 3저 호황으로 1989년 최초로 1천 포인트를 돌파하였다. 특히 증권주가 많이 상승하였는데 배당과 유·무상증자를 합하면 약 100배의 주가 상승을 보였다. 하지만 지나친 공급의 확대로 주가는 하락 반전하여 466포인트까지 하락하였고 주가는 오르기만 한다고 믿었던 개인투자자들은 큰 충격을 받았다.

1997년의 외환위기 때는 266포인트까지 하락하였으며 많은 회사들이 부도

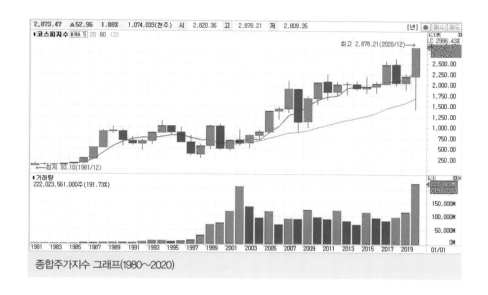

| 2,873.47 ▲52.96 1.88% 1,074,033(천주) 시 2,820.36 고 2,878.21 저 2,809.35 | [년] ⚙ 매수 매도 |

■코스피지수 ■MA 5 20 60 120

최고 2,878.21(2020/12)→

← 최저 93.10(1981/12)

■거래량
222,023,561,000주(191.73%)

1981 1983 1985 1987 1989 1991 1993 1995 1997 1999 2001 2003 2005 2007 2009 2011 2013 2015 2017 2019   01/01

종합주가지수 그래프(1980~2020)

가 나고 상장폐지 되어 개인투자자들에게 큰 손실을 끼쳤다가 1999년 다시
1000포인트를 회복했다. 2007년에는 2000포인트를 돌파했으나 전 세계적인
금융 위기로 다시 892포인트까지 하락했다. 이후 2000포인트 대에서 지루하
게 움직이며 박스권 장세를 보이다가 2017년 2500포인트를 넘기고 2021년에
는 지수 3000포인트 시대를 열었다.

우리나라의 종합주가지수 산정 방식은 시가총액식이다. 즉 시가총액이 크
면 종합주가지수에 미치는 영향도 크고 시가총액이 작으면 종합주가지수에
미치는 영향도 작다.

시가총액은 상장주식 수×주가로 계산한다. 가장 압도적인 종목은 삼성전
자다. 삼성전자의 시가총액은 전체 시가총액의 27.7퍼센트에 달한다. 그 다

순위	종목명	액면가	현재가	전일대비	등락률	거래량	상장주식수	시가총액(백만원)	시총비중
1	삼성전자	100	88,800	▲ 5,900	7.12	59,013,307	5,969,782,550	530,116,690	27.66
2	SK하이닉스	5,000	138,000	▲ 3,500	2.60	8,713,010	728,002,365	100,464,326	5.24
3	LG화학	5,000	999,000	▲ 37,00	3.85	924,780	70,592,343	70,521,751	3.68
4	삼성바이오로직	2,500	837,000	▲ 18,00	2.20	263,860	66,165,000	55,380,105	2.89
5	NAVER	100	312,000	▲ 22,50	7.77	3,175,396	164,263,395	51,250,179	2.67
6	삼성SDI	5,000	739,000	▲ 41,00	5.87	890,113	68,764,530	50,816,988	2.65
7	셀트리온	1,000	367,000	▲ 9,500	2.66	1,719,926	134,997,805	49,544,194	2.59
8	카카오	500	434,000	▲ 31,50	7.83	2,466,715	88,459,906	38,391,599	2.00
9	LG생활건강	5,000	1,638,000	▲ 29,00	1.80	50,703	15,618,197	25,582,607	1.34
10	엔씨소프트	500	995,000	▲ 48,00	5.07	198,693	21,954,022	21,844,252	1.14
11	삼성에스디에스	500	219,500	▲ 14,50	7.07	1,543,681	77,377,800	16,984,427	0.89
12	삼성전기	5,000	193,000	▲ 11,00	6.04	1,490,294	74,693,696	14,415,883	0.75
13	아모레퍼시픽	500	203,500	▲ 3,500	1.75	384,513	58,458,490	11,896,303	0.62
14	넷마블	100	134,000	▲ 4,500	3.47	1,143,219	85,845,303	11,503,271	0.60
15	한온시스템	100	18,450	▲ 2,100	12.84	14,542,365	533,800,000	9,848,610	0.51
16	포스코케미칼	500	130,500	▲ 1,500	1.16	716,215	60,988,220	7,958,963	0.42
17	신풍제약	500	131,500	0	0.00	2,362,778	52,984,990	6,967,526	0.36
18	빅히트	500	160,500	▲ 3,500	2.23	285,332	35,623,760	5,717,613	0.30
19	한미사이언스	500	84,800	▼ 5,700	6.30	779,077	66,011,149	5,597,745	0.29
20	코웨이	500	74,100	▲ 700	0.95	408,308	73,799,619	5,468,552	0.29

시가총액 상위 종목(2021년 1월 기준)

음은 SK하이닉스로 5.2퍼센트, 그 다음은 LG화학으로 3.7퍼센트를 기록하고 있다. 다만 우선주는 종합주가지수 산정에 포함되지 않는다.

코스닥 지수

코스닥 지수는 1996년 7월 1일을 100포인트로 기준을 정해서 만들었다. 2020년 12월 30일 기준 코스닥지수가 968.42포인트니까 24년 동안 9.7배가 상승했다고 생각하기 쉽다. 하지만 사실은 약간 다르다.

코스닥 지수는 1990년대 말 벤처 열풍을 타고 엄청나게 상승했다. 2000년 3월 6일 292.55포인트까지 상승했다. 하지만 봄이 지나면서 거품은 터졌고 이후 지속적으로 그리고 큰 폭으로 하락했다. 그러다 보니 지수로 표시되는

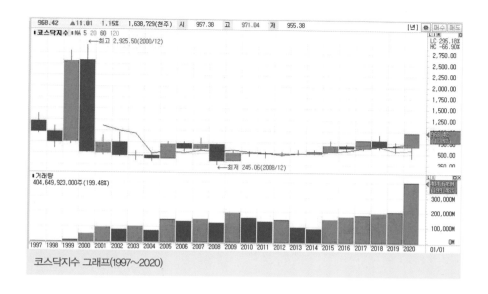

| 968.42 | ▲11.01 | 1.15% | 1,638,729(천주) | 시 | 957.38 | 고 | 971.04 | 저 | 955.38 | [년] | 매수 | 매도 |

코스닥지수 그래프(1997~2020)

숫자가 너무 작아졌고 그래서 2004년 1월 26일부터 100포인트를 1000포인트로 상향 조정했다. 그러니까 지금 우리가 보고 있는 코스닥 지수 968은 거래소와 같이 100을 기준으로 했다면 96.8에 불과한 것이다.

04

매매 시간

주식의 정규 매매 시간은 오전 9시부터 오후 3시 30분까지다. 정규 시간 이외에는 장전 시간외 거래, 시간외 종가 거래, 시간외 단일가 거래 등이 있다. 평소에는 정규 시간의 거래량이 전체 거래량의 거의 대부분을 차지하지만 어떤 이슈가 튀어나오면 시간외 거래가 크게 늘어난다.

장전 시간외 거래는 8시 30분부터 8시 40분까지다. 8시 20분부터 주문이 가능하며 주문 가격은 전일 종가로 한정된다. 당일 주식시장이 올라갈 것 같으면 사자 주문이 많이 들어오고 내려갈 것 같으면 팔자 주문이 많이 들어온다.

9시에 시작된 주식시장은 3시 20분이 되면 일단 정지한다. 그리고 이때부터 3시 30분까지는 장 마감을 위한 동시 호가 시간이다. 장 마감을 위한 동시 호가를 따로 두는 이유는 시세의 공정성을 확보하기 위해서다. 3시 30분까지 매매를 계속할 경우 3시 29분 59초에 높은 가격에 매수 주문을 낸다든지, 아니면 낮은 가격에 매도 주문을 낸다든지 해서 종가를 억지로 조절할 수 있기 때문이다.

3시 30분에 주식시장이 마감되면 시간외 종가 거래로 이루어진다. 시간은 3시 30분부터 4시까지이며 당일 종가로만 거래된다. 3시 30분부터 주문이 가능하고 3시 40분부터 실시간 체결로 연속 매매가 이루어진다. 이때는 주로 정규 시간에 미처 사거나 팔지 못한 사람들이 거래한다.

시간외 종가 거래가 끝난 4시부터 6시까지는 시간외 단일가 거래가 이루어진다. 주문가격은 당일 종가 대비 10퍼센트의 범위 내다. 단, 정규 거래의 상하한가를 벗어나지 못한다. 체결 방식은 10분 단위로 동시 호가 체결 방식이며 총 12번 이루어진다. 정규 장이 끝난 후 대형 호재가 나오면 10퍼센트 상한가를 기록하기도 하고 대형 악재가 나오면 10퍼센트 하한가를 기록하기도 한다. 유럽 주식시장이 크게 상승하면 시간외 단일가 거래에서의 가격도 크게 상승하고 유럽 주식시장이 크게 하락하면 시간외 단일가 거래에서의 가격도 크게 하락한다.

예약 주문은 다음날 주문을 미리 내는 것으로 오전 9시 30분부터 다음날 오전 8시까지 가능하다. 특이한 점은 기간을 정할 수 있다는 것이다. 한 달 이내의 기간에서 체결이 되지 않을 경우 본인이 원하는 날까지 매일 반복 주

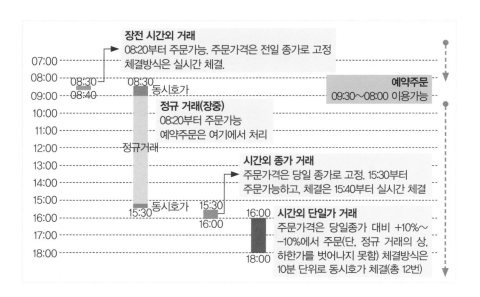

문을 낼 수 있다.

3일 결제

주식은 3일 결제다. 주식을 매매하고 3일째 되는 날 결제가 이루어진다. 주식을 사는 날에는 증거금만 징구하고 3일 되는 날에 잔여 금액이 계좌에서 빠져나간다. 돈이 빠져나감과 동시에 그에 해당하는 주식은 입고된다.

주식을 팔 때도 3일째 되는 날 주식은 계좌에서 빠져나가고 그에 해당되는 돈이 들어온다.

토요일이나 일요일, 공휴일같이 영업을 하지 않는 날은 계산하지 않는다.

월요일에 주식을 사면 수요일에 결제가 이루어지지만 금요일에 주식을 사면 토요일, 일요일은 계산하지 않고 화요일에 결제가 이루어진다.

비록 3일 결제지만 주식을 사고 결제되는 날까지 기다릴 필요 없이 바로 팔 수도 있다. 10분 전에 산 주식을 지금 팔 수도 있고 다시 10분 후에 살 수도 있다.

증거금

주식을 사려면 증거금이 필요하다. 일종의 계약금이다. 계약금이다 보니 거래 상대의 신용을 본다. 그런 이유로 삼성전자같이 안전한 주식은 20퍼센트의 증거금을 받고 덜 안전한 주식은 40퍼센트를 받고 부실한 주식은 100퍼센트를 받는다.

예전에는 무조건 현금의 40퍼센트를 증거금으로 잡았다. 그래서 어떤 주식이 갑자기 부도가 나서 미수가 생기는 경우가 드물게 있었다. 예를 들어 내게 400만 원이 있다고 가정하자. 이 경우 총 1000만 원까지 주식 매수 주문을 낼 수 있다. 1000만 원어치를 주식을 샀는데 공교롭게도 이 주식이 사자마자 부도가 나버렸다. 결국 400만 원을 고스란히 날리고 거기다 증권회사에 600만 원까지 갚아야 하는 상황까지 발생한다. 만약에 600만 원을 갚지 못하면 증권회사는 거래소에 일단 결제하고 그 다음 구상권을 청구한다. 이런 점을 방지하려고 현재는 종목별로 증거금을 차등으로 적용하는 종목별증거금제도를 도입했다. 즉, 주식을 매수할 때 개별 주식의 신용도, 가격 변동성 등의 특성에 따라 증거금률을 차등 적용하는 제도다. 증권회사가 정하는 종목 그룹에 따라 증거금률이 20퍼센트, 30퍼센트, 40퍼센트, 100퍼센트로 차등 적용된다. 이렇게 함으로서 우량 종목은 예전보다 더 많은 주식을 매수할 수 있는 여유를 두어서 수익창출의 기회를 부여하고, 주의가 필요하다고 판단하는 종목은 높은 증거금을 적용함으로써 안정적인 투자를 유도할 수 있다. 1000만 원으로 주식 매수 주문 시 필요한 증거금은 아래와 같다.

종목그룹	증거금률	필요증거금
20퍼센트 종목	20퍼센트 (현금 10퍼센트, 대용가 10퍼센트)	1000만 원의 20퍼센트인 200만 원 증거금 징수 – 현금 100만 원, 대용가 100만 원 – 대용금액이 부족한 경우 부족금을 현금으로 징수
30퍼센트 종목	30퍼센트 (현금 10퍼센트, 대용가 20퍼센트)	1000만 원의 30퍼센트인 300만 원 증거금 징수 – 현금 100만 원, 대용가 200만 원 – 대용금액이 부족한 경우 부족금을 현금으로 징수
40퍼센트 종목	40퍼센트 (현금 10퍼센트, 대용가 30퍼센트)	1000만 원의 40퍼센트인 400만 원 증거금 징수 – 현금 100만 원, 대용가 300만 원 – 대용금액이 부족한 경우 부족금을 현금으로 징수
100퍼센트 종목	100퍼센트 (현금 100퍼센트)	1000만 원의 100퍼센트인 1000만원 증거금 징수 – 현금 1000만원 – 대용금액은 증거금으로 사용할 수 없으며, 현금 금액이 부족한 경우 매수 주문 불가능함

대용가

대용가란 담보로 잡을 때 사용할 수 있는 가격이다. 담보가라고도 할 수 있다. 주식 증거금을 징수할 때 현금 대신 사용한다. 삼성전자의 가격은 8만 1000원이지만 삼성전자의 대용가는 6만2640원이다. 보통 시가의 60~80퍼센트 수준이고, 관리 대상 종목은 '0'이다. 삼성전자를 담보로 잡을 때 이 정도 가격을 인정해 준다는 뜻이다. 대용가는 주가에 연동되기 때문에 주가가 바뀌면 대용가도 바뀐다.

대용가를 사용하는 예를 한번 들어 보자. 위의 표에서 증거금률이 20퍼센트인 종목은 현금 10퍼센트, 대용가 10퍼센트를 적용한다고 했다. 현재 잔고는 현금 1000만 원과 삼성전자 주식 100주다.

만일 7000만 원어치 주식을 사려면 현금 700만 원과 대용가 700만 원이 필요한데 삼성전자의 대용가는 626만4000원이다. 이 경우는 현금 773만6000원과 대용가 626만4000원으로 증거금을 잡는다. 대용가로 부족한 부분은 현금을 이용한다.

증시 주변 자금

중시 주변 자금이란 주식시장과 관련된 자금이다. 가장 대표적인 것이 고객 예탁금이다. 고객 예탁금은 투자자가 주식을 사려고 맡겨 놓은 돈이다. 고객 예탁금이 늘어났다는 것은 주식을 살 '잠재 매수 세력'이 늘어났다는 것이다. 반대로 고객 예탁금이 줄어들었다는 것은 주식을 살 '잠재 매수 세력'이 줄었다는 것이다. 고객 예탁금은 주가가 올라가면 늘어나고 주가가 하락하면 줄어드는 경향이 있어 후행성이 강하다. 주가가 올라가면 주식으로 이익을 낸 사람이 늘어날 것이고 각종 언론 매체에도 주가 상승에 대한 보도가 나온다. 이렇게 되면 사람들이 주식에 관심을 가지게 되고 한 명씩 두 명씩 증권시장을 찾는다. 자연스럽게 고객 예탁금은 늘어나게 된다. 가끔 고객 예탁

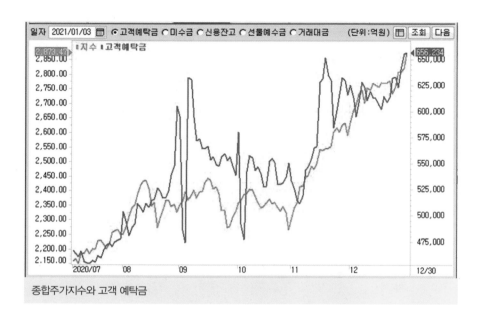

일자 2021/01/03 ⬜ ⦿고객예탁금 ○미수금 ○신용잔고 ○선물예수금 ○거래대금 (단위:억원) ⬜ 조회 다음

■지수 ■고객예탁금

종합주가지수와 고객 예탁금

금이 갑자기 큰 폭으로 증가할 때가 있다. 이런 경우는 대부분 공모주 환불금이 고객 예탁금으로 집계돼 나타나는 경우다. 따라서 고객 예탁금이 큰 폭으로 늘어났다면 이것이 순수한 예탁금인지 아니면 공모주 환불금인지를 살펴보아야 한다.

신용융자 잔고

신용융자 잔고는 증권사로부터 빌린 돈으로 주식을 산 잔고이며 그 기간은 3개월이다.

신용융자 잔고가 급격하게 늘어나면 주가는 주춤하는 경향이 있다. 신용융

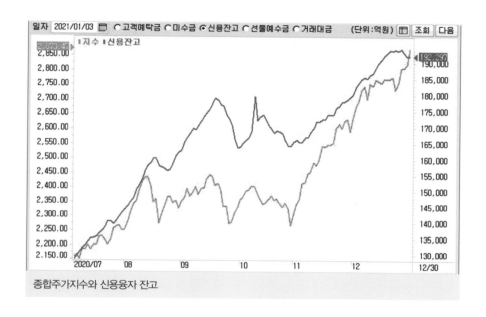

일자 2021/01/03 고객예탁금 미수금 신용잔고 선물예수금 거래대금 (단위:억원) 조회 다음

종합주가지수와 신용융자 잔고

자 잔고는 정해진 기간 내에 팔아서 증권사에 돈을 갚아야 하기 때문이다. 신용융자 잔고의 규모가 크다는 것은 그만큼 잠재적인 공급 요인, 즉 매도 물량이 많다는 뜻이다. 따라서 주식을 매수하는 입장에서는 서둘러 주식을 사지 않고 기다렸다가 매도 물량이 나와서 주가가 하락하면 그때 사려 한다. 매수하려는 사람은 기다리고 있고 매도하려는 사람은 시간에 쫓기다 보니 주가는 하락 쪽으로 움직인다.

신용융자가 많이 몰린 종목일수록 움직임은 둔하다. 따라서 매수 종목을 선정할 때 신용융자 잔고가 높으면 매수 시기를 조절할 필요가 있다.

미수금 잔고는 신용융자 잔고보다 더 급한 매도 물량이다. 신용융자 잔고는 3개월이라는 여유 기간이 있지만 미수금은 단 3일의 여유 기간만 있기 때문이다. 미수금 잔고가 늘어나는 것도 잠재적인 매도 세력이 늘어나는 것으로 판단한다.

증자와 감자

모든 기업은 자본금을 가지고 사업을 시작한다. 사업이 번창해 자금 수요가 많아지면 자본금을 늘리는 과정을 밟는다. 새로 받은 돈으로 기계를 사기도 하고 연구 개발비에 투입하면서 회사가 커나간다. 이렇게 자본금을 늘리는 것을 증자라고 한다.

증자에는 두 가지 종류가 있다. 유상증자가 있고 무상증자가 있다. 유상증자는 증자 납입금을 낸 만큼 주식을 받는 것이고, 무상증자는 무상으로 주식을 받는 것이다. 증자를 받으면 본인이 보유하고 있는 주식 수가 늘어난다.

증자를 받을 수 있는 기준일 전 날에는 권리락이 이루어진다. 권리부 주가는 권리를 받을 수 있는 주가이고 권리락 주가는 권리를 받을 수 없는 주가다. 6월 10일 기준으로 10퍼센트의 무상증자를 받는 경우 6월 8일까지 주식을 보유하고 있으면 무상증자를 받는다. 하지만 6월 9일에 주식을 사면 6월 11일에 결제가 되기 때문에 무상증자를 받을 수 없다. 그래서 6월 9일의 주가는 6월 8일의 주가보다 1÷(1+무상증자비율)만큼 하락해서 시작한다. 6월 8일 권리부 주가가 5만 원이었다면 6월 권리락 주가는 50,000÷(1+0.1) = 45,400 원에서 시작한다.

감자

감자는 증자의 반대다. 감자는 자본금이 줄어든다. 감자를 실시하는 이유는 크게 두 가지다.

첫 번째는 주주 가치를 높이기 위해서다. 기업에서 주주에게 줄 수 있는 직접적인 보상은 배당이다. 다음은 자사주 소각이다. 회사의 잉여자금으로 주식을 매입해 소각하면 주식 수가 그만큼 줄어들어 주주 가치가 상승하고 주가도 상승한다. 주가는 기본적으로 '기업 가치÷주식 수'의 개념으로 접근할수 있다. 주식 수가 10퍼센트 줄어든다면 당연히 주가도 10퍼센트 상승하게 된다. 주주 입장에서는 감자를 하면 자산 가치가 높아지고 결국 주가 상승으로 이어지기 때문에 매우 만족스럽다. 삼성전자는 주주 가치를 고양시키기 위해 지속적으로 자사주를 소각한 바 있다.

하지만 유감스럽게도 그렇지 않은 감자가 더 많다. 주식시장에서의 감자는 대부분 자본 잠식 비율을 낮추려고 실시된다.

자본 잠식이란 자본이 잠식된 경우다. 애초에 1000억 원의 자본금으로 사업을 시작했다. 어찌어찌하다 보니 손해를 많이 보았고 1000억 원의 자본금이 900억 원 밖에 남지 않았다. 이 경우가 자본 잠식이다.

자본잠식으로 관리종목 지정이 된 경우 이를 해소하지 못하면 상장폐지가 된다. 이러면 불가피하게 감자를 실시해 자본 잠식에서 벗어나곤 한다.

현재 자본금이 500억 원인 회사가 자본 잠식된 금액이 300억 원이라고 가정해 보자. 이 경우 자본 잠식비율은 60퍼센트다. 이때 자본금을 500억 원에서 250억 원으로 줄인다면 자본 잠식된 금액은 50억 원에 불과해서 자본 잠식비율이 20퍼센트로 준다. 그러면 주식 수도 2분의 1로 줄어든다. 주식을 두 주 가지고 있던 사람은 한 주를 가지게 되고 2000주를 가지고 있던 사람은 1000주를 가지게 된다.

주가는 감자 비율에 따라 높게 나온다. 예를 들어 주가가 2000원인 상황에서 2:1 감자를 했다면 4000원이 되고 10:1 감자를 했다면 2만 원이 된다. 하지만 이렇게 주가가 높게 나오더라도 감자 후 매매가 재개되면 다시 급락한다.

감자 후 증자하는 경우도 있다. 이는 새로운 자금을 수혈하기 위해서다. 감자로 주가를 액면가 이상으로 올려 놓고 그 다음에 유상증자를 실시함으로써 새로운 대주주를 영입하는 구조 조정의 한 방법이다. 이처럼 감자를 실시하는 종목은 대부분 주가가 낮고 자본 잠식의 공통점이 있다.

액면 분할과 액면 병합

2018년에 삼성전자가 액면 분할을 했다. 삼성전자는 주가가 200만 원을 넘어 일반인들은 1주를 사기에도 부담이었다. 삼성전자의 액면 분할은 투자자들의 오랜 바람이었지만 귀족주를 표방하고 싶은 삼성의 전략은 액면 분할을 선호하지 않았다. 하지만 우여곡절 끝에 액면 분할을 실시해 국민주로 탈바꿈했다.

액면 분할이란 주식에 표기된 가격을 분할한다는 뜻이다. 액면 분할을 하기 전의 삼성전자 주권은 1주에 5000원권이었다. 액면 분할 한 후의 삼성전자 주권은 100원권으로 바뀌었다. 그래서 액면 분할 전에 10주를 소유하고 있던 주주는 5000주를 소유하게 되고, 100주를 소유하고 있던 주주는 5만주를 소유하게 되었다.

액면 분할 직전에 삼성전자 1주의 가격은 250만 원이었다. 10주만 보유해도 2500만 원의 가치다. 액면 분할 직후에는 보유 주식 수가 500주가 되고 1주의 가격도 5만 원으로 바뀌었다. 250만 원×10주도 2500만 원이고 5만 원×500주도 2500만 원이다. 2500만 원의 가치는 동일하다.

액면 분할을 하는 이유는 주식 수를 늘리고 주가를 낮춰 거래가 잘 이루어지게 하는데 있다. 100만 원이 넘는 고가주는 개인 투자자가 접근하기 힘들뿐 아니라 거래량도 부진한 경향이 있다. 주식의 거래량은 투자자가 종목을 선정할 때 중요한 기준이다. 거래량이 저조한 종목은 환금성이 부족한 것으로 평가받는다. 내가 돈이 필요해서 주식을 팔아야 하는데 거래량이 저조해서 제 값을 받지 못하고 파는 것은 아닐까 하는 두려움이 있다. 그래서 주가도 제 값보다 디스카운트가 되어 있다고 여기기도 한다.

삼성전자는 5000원의 액면가를 100원으로 낮추었고 주식 수를 50배로 늘렸으며 주가를 50분의 1로 낮추었다. 투자자들은 삼성전자 주가가 싸다고 느꼈고 거래량도 풍부해졌다.

액면 병합

액면을 분할하거나 병합해도 기업 입장에서는 자본 이득이 없다. 액면을 분할하면 주식 수는 늘어나지만 그만큼 주가가 하락하고 액면을 병합하면 주식 수는 줄어들지만 그만큼 주가가 상승하기 때문이다.

그럼에도 불구하고 액면을 병합하는 경우도 있다. 유통 중인 주식 수가 줄어들어 거래량은 줄어들지만 주가 관리가 용이해지기 때문이다.

의료 장비 및 서비스 회사인 바디텍메드는 액면가를 100원에서 1000원으로 병합했다. 액면가가 100원이다 보니 주가가 낮게 형성되었고 회사 이미지에도 좋지 않았다. 그래서 저가주라는 이미지도 탈피하고 적정 유통주식 수를 유지하고 관리하려는 목적으로 액면 병합을 시행한 것이다.

액면가는 주식마다 다르다. 거래소의 대부분 주식은 5000원이 액면가이고 코스닥의 대부분 주식은 500원이 액면가다.

공매도

돈이 있으면 주식을 살 수 있고 주식이 있으면 주식을 팔 수 있다. 그런데 주식이 없어도 주식을 팔 수 있는 경우가 있다. 가짜 매도라고 해서 공(空)매도라고 부른다.

A라고 하는 주식이 있다. 재무제표를 보니 실적도 별로고 지금 운영하고 있는 사업도 사양 산업이다. 신사업을 추진한다고 하는데 전망이 어둡다. 그런데 이 종목의 주가가 지나치게 고평가돼 있다. 내재 가치로 보건대 5000원밖에 가지 않을 주가가 2만 원에 거래되고 있다. 내가 만약 이 주식을 가지고 있다면 당장 팔고 싶다. 그런데 나에게는 A주식이 없다. 이때 A주식을 가지고 있는 곳에서 빌려 매도하고 주가가 5000원까지 하락하면 되사서 주식을

돌려준다. 나는 2만 원에 팔고 5000원에 되샀으니 주당 1만5000원의 수익을 올렸다. 1000주를 매매했다면 1500만 원의 수익을 올린 셈이고 1만주를 매매했다면 1억5000만 원의 수익을 올린 셈이다.

이것이 공매도의 순기능이다. 즉, 주가의 가치를 적절히 조정하는 역할을 하는 것이다. 만일 투기 세력이 내용이 없는 주식을 억지로 올리려 하면 공매도 세력이 등장하여 이상 매매 현상을 방지한다. 주식의 거품을 제거해 안정적이고 차분한 주식시장 분위기를 형성하는 데 큰 역할을 한다.

유통 물량이 많이 없는 종목이 이상 급등하는 경우에도 공매도는 도움이 된다. 유통물량이 없다 보니 아주 조그만 수량으로도 주가가 급등한다. 이럴 때 공매도가 매도 물량이 돼 주가를 제자리로 돌아가게 만들고 적은 수량으로 가격을 올리려는 시도를 무산시킬 수 있다.

공매도를 한 주식은 언젠가 되사야 한다. 따라서 공매도 한 만큼 그 수량은 예비 매수 세력이 돼 주가 급락을 방지할 수도 있다. 주가의 급등과 급락을 막는 양극단을 방어하는 훌륭한 수단이다.

헷지(hedge) 수단으로도 활용된다. 기관 투자자나 외국인 투자자는 공매도를 활용해 헷지한다.

공매도의 역기능

하지만 역기능도 있다. 재무제표가 건실하고 신제품이 성공적으로 런칭해 기업의 실제 가치가 높아져야 하는 데도 불구하고 공매도 세력 때문에 주가가 올라가지 못하는 경우다. 특히 많은 수량을 동시에 매도하면 주가가 폭락하고 이에 실망한 개인 투자자가 보유하고 있는 주식을 팔아버린다. 주가가 제대로 평가받아야 함에도 불구하고 공매도 때문에 피해를 보는 경우가 생기는 것이다. 그리고 공매도 세력은 이렇게 폭락된 주식을 다시 매수해서 차익을 얻는다. 개인 투자자 입장에서는 얄미운 존재다.

또한 공매도 세력은 주가를 하락시키려고 기업 가치를 왜곡하거나 허위 소문으로 투자자의 불안 심리를 자극하기도 한다. 주가를 억지로 올리려고 호재성 루머를 퍼트리는 것도 위법한 것이지만 주가를 억지로 내리려고 악재성 루머를 퍼트리는 것도 위법이다.

또 한 가지는 공매도를 외국인 투자자나 기관 투자자는 잘 활용하는 반면에 개인들이 활용할 방법은 많지 않다는 것이다. 공매도를 빌리는 방법은 대차거래와 대주거래가 있는데 대차거래는 외국인 투자자, 기관 투자자, 한국예탁결제원, 한국증권금융과의 거래로 규모가 크고 기간도 3개월~6개월까지며 연장도 가능하다. 대주거래는 개인이 증권사에서 빌리는 것인데 증권사마다 빌려주는 주식이 한정돼 있고 또 종류가 다양하지도 못하며 수량도 제한적이다. 대여 기간도 30일에 불과하다. 가장 최근의 국내 공매도 거래 비중을 보면 외국인 투자자가 49퍼센트, 기관 투자자가 50퍼센트를 차지하고 있고 개인 투자자의 비중은 1퍼센트에 불과하다. 해외는 개인 투자자의 비중이 20~30퍼센트에 이르기 때문에 공매도 금지에 대한 이슈가 불거지지 않지만 우리나라는 기울어진 운동장이라는 시각이 있어서 공매도에 대한 인식은 매우 부정적이다.

시장 유의 종목

기업이 상장 요건을 갖추지 못하면 상장폐지가 된다. 사업보고서를 제출하지 않는다든지, 감사보고서상 감사 의견이 감사범위제한 한정인 경우라든지, 자본금이 50퍼센트 이상 잠식한다든지 하는 경우다. 이 경우 갑자기 상장폐지를 시키면 혼란이 올 수 있기 때문에 거래소에서는 일반 투자가에게 주의를 환기시키고자 관리종목으로 지정한다. 한마디로 매우 위험한 종목이니 투자하지 말라는 이야기다.

이렇게 지정된 관리종목이 경영 실적이 좋아지면 다시 화려하게 부활하기도 하고 매매 정리 기간을 통해 증권시장에서 사라지기도 한다. 화려하게 부활한 경우는 한진중공업이고 사라진 경우는 대우중공업이다.

관리종목으로 편입되고도 가망성이 없으면 상장폐지를 시킨다. 매매 정리 기간은 해당 주식을 가진 투자자에게 '이 주식은 몇 년 몇 월 며칠 자로 상장 폐지 되니 그 날 이후에는 팔 수 없다. 그러니 그 날까지 매매정리를 할 기간 을 주겠다' 하고 기회를 주는 것이다. 매매 정리 기간 중에는 주가가 가격 제 한폭에 구애받지 않고 움직인다.

유가증권시장의 관리종목 지정요건

1. 정기보고서 미제출:
   - 법정 제출 기한(사업연도 경과 후 90일) 내 사업보고서 미제출
   - 법정 제출 기한(분·반기 경과 후 45일 이내) 내 반기·분기보고서 미 제출
2. 감사인 의견 미달
   - 감사보고서상 감사 의견이 감사범위제한 한정인 경우(연결감사보고서 포함)
   - 반기검토보고서상 검토 의견이 부적정 또는 의견거절인 경우
3. 자본 잠식
   - 최근 사업 연도 사업보고서상 자본금 50퍼센트 이상 잠식
4. 주식 분산 미달
   - 최근 사업 연도 사업보고서상 일반 주주수 200명 미만 또는
   - 최근 사업 연도 사업보고서상 일반 주주 지분율 5퍼센트 미만. 다만,

200만 주 이상인 경우 해당되지 않는 것으로 간주

5. 거래량 미달

  - 반기 월평균 거래량이 반기말 현재 유동주식 수의 1퍼센트 미만

6. 지배 구조 미달

  - 사외이사 수가 이사 총수의 4분의 1 미만 등 (자산총액 2조 원이상 법인의 경우 사외이사 3인 이상, 이사 총수의 과반수 미충족)
  - 감사위원회 미설치 또는 사외이사 수가 감사 위원의 3분의 2 미만 등 (자산총액 2조 원 이상 법인만 해당)

7. 공시 의무 위반

  - 최근 1년간 공시 의무 위반 누계 벌점 15점 이상

8. 매출액 미달

  - 최근 사업 연도 50억 원 미만(지주회사의 경우 연결매출액 기준)

9. 주가/시가총액 미달

  - 주가가 액면가의 20퍼센트 미달 30일간 지속
  - 시총 50억 원 미달 30일간 지속

10. 회생 절차 개시 신청

11. 파산 신청

시장경보제도

시장경보제도는 투기적이거나 불공정거래 개연성이 있는 종목 또는 주가가 비정상적으로 급등한 종목에 대해 투자자에게 주의를 주고 불공정거래를 사전에 예방하기 위한 제도다. 시장경보제도는 투자주의종목, 투자경고종목, 투자위험종목의 단계로 이루어진다.

먼저 1단계로 투자주의종목은 소수지점 거래집중 종목, 소수계좌 거래집중 종목, 종가 급변 종목, 상한가 잔량 상위 종목, 단일 계좌 거래량 상위 종목, 15일간 상승 종목의 당일 소수계좌 매수 관여 과다 종목, 특정 계좌 매매 관여 과다 종목, 풍문 관여 과다 종목, 스팸 관여 과다 종목이다. 이중 스팸 관여 과다 종목은 최근 3일간 한국인터넷진흥원에 주식 매매 관련 영리 목적의 광고성 정보로 신고된 건수가 직전 5일 또는 20일 평균 신고 건수 대비 세 배 이상 증가한 경우에 해당된다. 이 외에도 ELW소수지점 거래집중 종목, ELW소수계좌 거래집중 종목, 투자경고종목 지정 예고 종목, 투자경고종목 지정 해제 종목이 해당된다.

2단계 투자경고종목은 초단기 급등(예고)+초단기 급등, 단기 급등(예고) 또는 중장기 급등(예고)+단기 급등, 중장기 급등(예고)+중장기 급등, 투자주의종목 반복 지정(예고)+투자주의종목 반복 지정, 단기 상승과 불건전 조건(예고)+단기 상승과 불건전 조건, 중장기 상승과 불건전 요건(예고) + 중장기 상승과 불건전 요건, 투자위험종목 지정 해제, 투자경고종목 재지정의 경우에 이루어진다. 투자경고종목으로 지정되면 위탁증거금을 100퍼센트 납부해야

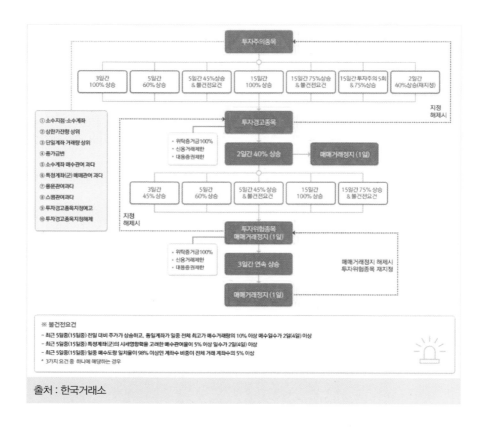

하며 신용융자로 해당 종목을 매수할 수 없고 대용증권으로 인정하지 않으며 주가가 추가적으로 급등할 경우 매매 거래 정지 및 투자위험종목으로 지정될 수 있다.

3단계 투자위험종목은 투자경고종목으로 지정되었음에도 불구하고 투기적인 가수요 및 뇌동매매가 진정되지 않고 주가가 지속적으로 상승할 경우

지정한다. 투자위험종목으로 지정되면 지정과 동시에 매매 거래가 1일간 정지되며 주가가 추가적으로 급등할 경우 1일간 매매 거래가 더 정지될 수 있다.

부동산/재테크/창업

장인석 지음 | 17,500원
348쪽 | 152×224mm

▌롱텀 부동산 투자 58가지

이 책은 현재의 내 자금 규모로, 어떤 위치의 부동산을 언제 살 것인가에 대한 탁월한 분석을 펼쳐 보여 준다. 월세탈출, 전세 탈출, 무주택자탈출을 꿈꾸는, 건물주가 되고 싶고, 꼬박꼬박 월세 받으며 여유로운 노후를 보내고 싶은 사람들을 위한 확실한 부동산 투자 지침서가 되기에 충분하다. 이 책은 실질금리 마이너스 시대를 사는 부동산 실수요자, 투자자 모두에게 현실적인 투자 원칙을 수립할 수 있도록 해줄 뿐 아니라 실제 구매와 투자에 있어서도 참고할 정보가 많다.

나창근 지음 | 15,000원
302쪽 | 152×224mm

▌나의 꿈, 꼬마빌딩 건물주 되기

'조물주 위에 건물주'라는 유행어가 있듯이 건물주는 누구나 한 번은 품어보는 달콤한 꿈이다. 자금이 없으면 건물주는 영원한 꿈일까? 저자는 현재와 미래의 부동산 흐름을 읽을 줄 아는 안목과 자기 자금력에 맞춤한 전략, 꼬마빌딩을 관리할 줄 아는 노하우만 있으면 부족한 자금을 충분히 상쇄할 수 있다고 주장한다. 또한 액수별 투자전략과 빌딩 관리 노하우 그리고 건물주가 알아야 할 부동산지식을 알기 쉽게 설명한다.

박갑현 지음 | 14,500원
264쪽 | 152×224mm

▌월급쟁이들은 경매가 답이다
1,000만 원으로 시작해서 연금처럼 월급받는 투자 노하우

경매에 처음 도전하는 직장인의 눈높이에서 부동산 경매의 모든 것을 알기 쉽게 풀어낸다. 일상생활에서 부동산에 대한 감각을 기를 수 있는 방법에서부터 경매용어와 절차를 이해하기 쉽게 설명하며 각 과정에서 꼭 알아야 할 중요사항들을 살펴본다. 경매 종목 또한 주택, 업무용 부동산, 상가로 분류하여 각 종목별 장단점, '주택임대차보호법' 등 경매와 관련되어 파악하고 있어야 할 사항들도 꼼꼼하게 짚어준다.

초저금리 시대에도 꼬박꼬박 월세 나오는
수익형 부동산

나창근 지음 | 17,000원
332쪽 | 152×224mm

현재 (주)기림이엔씨 부설 리치부동산연구소 대표이사로 재직하고 있으며 [부동산TV], [MBN], [한국경제TV], [KBS] 등 방송에서 알기 쉬운 눈높이 설명으로 호평을 받은 저자는 부동산 트렌드의 변화와 흐름을 짚어주며 수익형 부동산의 종류별 특성과 투자노하우를 소개한다. 여유자금이 부족한 투자자도 전략적으로 투자할 수 있는 혜안을 얻을 수 있을 것이다.

주식/금융투자

북오션의 주식/금융 투자부문의 도서에서 독자들은 주식투자 입문부터 실전 전문투자, 암호화폐 등 최신의 투자흐름까지 폭넓게 선택할 수 있습니다.

주식투자
기본도 모르고 할 뻔했다

박병창 지음 | 19,000원
360쪽 | 172×235mm

코로나 19로 경기가 위축되는데도 불구하고 저금리 기조가 계속되자 시중에 풀린 돈이 주식시장으로 몰리고 있다. 때 아닌 활황을 맞은 주식시장에 너나없이 뛰어들고 있는데, 과연 이들은 기본은 알고 있는 것일까? '삼프로TV', '쏠쏠TV'의 박병창 트레이더는 '기본 원칙' 없이 시작하는 주식 투자는 결국 손실로 이어짐을 잘 알고 있기에 이 책을 써야만 했다.

하루 만에 수익 내는
데이트레이딩 3대 타법

유지윤 지음 | 25,000원
312쪽 | 172×235mm

주식 투자를 한다고 하면 다들 장기 투자나 가치 투자를 말하지만, 장기 투자와 다르게 단기 투자, 그중 데이트레이딩은 개인도 충분히 가능하다. 물론 쉽지는 않다. 꾸준한 노력과 연습이 있어야 한다. 하지만 가능하다는 것이 중요하고, 매일 수익을 낼 수 있다는 것이 중요하다. 그 방법을 이 책이 알려준다.

최기운 지음 | 18,000원
424쪽 | 172×245mm

10만원으로 시작하는
주식투자

4차산업혁명 시대를 선도하는 기업의 주식은 어떤 것들이 있을까? 이제 이 책을 통해 초보투자자들은 기본적이고 다양한 기술적 분석을 익히고 그것을 바탕으로 향후 성장 유망한 기업에 투자할 수 있는 밝은 눈을 가진 성공한 가치투자자가 될 수 있다. 조금 더 지름길로 가고 싶다면 저자가 친절하게 가이드 해 준 몇몇 기업을 눈여겨보아도 좋다.

박병창 지음 | 18,000원
288쪽 | 172×235mm

현명한 당신의
주식투자 교과서

경력 23년차 트레이더이자 한때 스패큐라는 아이디로 주식투자 교육 전문가로 불리기도 한 저자는 "기본만으로 성공할 수 없지만, 기본 없이는 절대 성공할 수 없다"고 하며, 우리가 모르는 '기본'을 설명한다. 아마도 이 책을 보고 나면 '내가 이것도 몰랐다니' 하는 감탄사가 입에서 나올지도 모른다. 저자가 말해주는 세 가지 기본만 알면 어떤 상황에서도 주식투자를 할 수 있다.

최기운 지음 | 18,000원
300쪽 | 172×235mm

동학 개미
주식 열공

〈순매매 교차 투자법〉은 단순하다. 주가에 가장 큰 영향을 미치는 사람의 심리가 차트에 드러난 것을 보고 매매하기 때문이다. 머뭇거리는 개인 투자자와 냉철한 외국인 투자자의 순매매 동향이 교차하는 곳을 매매 시점으로 보고 판단하면 매우 높은 확률로 이익을 실현할 수 있다.

곽호열 지음 | 19,000원
244쪽 | 188×254mm

초보자를 실전 고수로 만드는
주가차트 완전정복

이 책은 주식 전문 블로그 〈달공이의 주식투자 노하우〉의 운영자 곽호열이 예리한 분석력과 세심한 코치로 입문하는 사람은 물론 중급자들이 놓치기 쉬운 기술적 분석을 다양하게 선보인다. 상승이 예상되는 관심 종목 분석과 차트를 통한 매수·매도 타이밍 포착, 수익과 손실에 따른 리스크 관리 및 대응방법 등 주식시장에서 이기는 노하우와 차트기술에 대해 안내한다.

유지윤 지음 | 18,000원
264쪽 | 172×235mm

누구나 주식투자로
3개월에 1000만원 벌 수 있다

주식시장에서 은근슬쩍 돈을 버는 사람들이 있다. '3개월에 1000만 원' 정도를 목표로 정하고, 자신만의 투자법을 착실히 지키는 사람들이다. 3개월에 1000만 원이면 웬만한 사람들 월급이다. 대박을 노리지 않고, 딱 3개월에 1000만 원만 목표로 삼고, 그것에 맞는 투자 원칙만 지키면 가능하다. 이렇게 1000만 원을 벌고 나서 다음 단계로 점프해도 늦지 않는다.

근투생 김민후(김달호) 지음
16,000원 | 224쪽
172×235mm

삼성전자 주식을 알면
주식 투자의 길이 보인다

인기 유튜브 '근투생'의 주린이를 위한 투자 노하우. 국내 최초로 삼성전자 주식을 입체분석한 책이다. 삼성전자 주식은 이른바 '국민주식'이 되었다. 매년 꾸준히 놀라운 이익을 내고 있으며, 변화가 적고 꾸준히 상승할 것이라는 예상이 있기에, 이 책에서는 삼성전자 주식을 모델로 초보 투자자가 알아야 할 거의 모든 것을 설명한다.

금융의정석 지음 | 16,000원
232쪽 | 152×224mm

슬기로운 금융생활

직장인이 부자가 될 방법은 월급을 가지고 효율적으로 소비하고, 알뜰히 저축해서, 가성비 높은 투자를 하는 것뿐이다. 그 기반이 되는 것이 금융 지식이다. 금융 지식을 전달함으로써 개설 8개월 만에 10만 구독자를 달성하고 지금도 아낌없이 자신의 노하우를 나누어주고 있는 크리에이터 '금융의정석'이 영상으로는 자세히 전달할 수 없었던 이야기들을 이 책에 담았다.

우영제 · 이상규 지음
23,500원 | 444쪽
152×224mm

자금조달계획서
완전정복

6 · 17 대책 이후 서울에서 주택을 구입하려는 사람이라면 (거의) 누구나 자금조달계획서를 작성해야 한다. 즉, 이 주택을 사는 돈이 어디서 났느냐를 입증해야 한다. 어떻게 생각하면 간단하고, 어떻게 생각하면 복잡한 문제다. 이 책은 이제 필수 문건이 된 자금조달계획서를 어떻게 작성해야 하는지, 증여나 상속 문제는 어떻게 해결해야 하는지를 시원하게 밝혀주는 가이드다.